The Commodity Boot Camp, Ltd.SM
MANUAL DE CAPACITACIÓN BÁSICA

William I. Greenspan, Autor
Ross J. Greenspan, Editor

Índice

Capítulo 1 - INTRODUCCIÓN A LOS FUTUROS
Tipos de pedidos
Preguntas de ejercicio
Capítulo 2 - LAS VEINTE NORMAS DE COMERCIALIZACIÓN EN FUTUROS DE PRODUCTOS BÁSICOS
Normas de comercialización
Capítulo 3 - TÉCNICA DE PIVOTE
Cálculo del pivote diario
Nivel de resistencia uno (R1)
Nivel de soporte uno (S1)
Nivel de resistencia dos (R2)
Nivel de soporte dos (S2)
Revisión de fórmulas
Capítulo 4 - EL ESTILO GREENSPAN
Rango de apertura
Máximo y mínimo diario
Máximo, mínimo y cotización de cierre del día anterior
Máximo y mínimo semanal
Pico reciente, máximo o mínimo
Capítulo 5 - INTRODUCCIÓN A LAS OPCIONES SOBRE FUTUROS
Las Griegas
Características de las opciones sobre futuros
Gráfico del vencimiento de la opción
Preguntas de ejercicio
Cuadro de estrategias
Capítulo 6 - INTRODUCCIÓN AL ANÁLISIS TÉCNICO
Medias móviles
Osciladores
Proceso estocástico
Números de Fibonacci
Volumen
Interés abierto
Opinión en contrario
Gráficos de barras
Líneas de tendencias
Canales
Formaciones de barras
Patrones de continuidad
Brechas
Gráfico de cabeza y hombros
Doble techo y doble piso
Conclusión

1 INTRODUCCIÓN A LOS FUTUROS

Los mercados de futuros ofrecen un punto de encuentro para compradores y vendedores. En cada transacción, hay un vendedor y un comprador. Se dice que el comprador tiene una posición larga, mientras que el vendedor tiene una posición corta. Para cada transacción se elabora un contrato de volumen de operaciones.

Los contratos a plazo comienzan en un punto de tiempo y concluyen en un punto posterior. Un contrato de futuros es una forma de contrato a plazo con algunas características especiales. Los contratos de futuros se negocian en mercados organizados en lugares específicos ("*pits*" en inglés) en un horario específico. Los contratos de futuros contienen términos contractuales predeterminados. Los compradores y vendedores solo negocian el precio. Las transacciones con futuros pasan por cámaras de compensación para garantizar todos los contratos de futuros. El crédito de las partes no plantea un problema en el mercado de futuros. La cotización de los futuros se establece a diario. Al final de cada día, se establecen los beneficios y las pérdidas. El mercado de futuros requiere una garantía de cumplimiento del contrato para comenzar la transacción. Los mercados de futuros están sumamente regulados por organismos del gobierno y la industria.

Hay 2 tipos de operadores. El primero es un operador de cobertura. Estos operadores trabajan en el mercado de dinero en efectivo y desean negociar su riesgo. El otro tipo de operador es el especulador, que desea negociar el riesgo de un beneficio potencial.

Hay 2 tipos de agentes. El primero es un ejecutivo de cuenta que trabaja para una sociedad de bolsa. El ejecutivo de cuenta trabaja con los clientes y es su intermediario en el parqué de operaciones de bolsa. El corredor de piso es un agente del parqué que ejecuta los pedidos de los clientes.

Los contratos con futuros se cierran a diario. Los operadores asignan las ganancias o pérdidas en sus cuentas con el precio de cierre del día. Al operador se le puede solicitar que publique un valor mayor para mantener su posición. Si no deposita este mayor valor, su posición se liquidará en la primera oportunidad.

Las operaciones con futuros pasan por una cámara de compensación. Esta cámara garantiza que todos los operadores cumplan los contratos. La cámara es la contraparte de todas las transacciones.

Hay 3 maneras de cerrar un contrato con futuros. La primera es tomar la entrega o cerrar el contrato en efectivo. La más frecuente es una operación de compensación o reversión, en la que un operador lleva su posición neta a 0 en un contrato específico. La última y menos frecuente es el intercambio en especie.

Hay 4 tipos de contratos con futuros. Hay futuros en divisas, activos que devengan intereses, índices y productos básicos.

Los mercados de futuros ofrecen determinación del precio y cobertura. La determinación del precio permite que la sociedad asigne recursos en el presente para inversiones de capital en el futuro. La cobertura ofrece a quienes no deseen operar con riesgo una manera de desplazar el riesgo hacia otro lugar.

Los mercados de futuros y de dinero en efectivo están vinculados. Los precios de los futuros reflejan el precio del dinero en efectivo trasladado a la fecha de vencimiento del contrato. El precio de los futuros refleja el precio del dinero en efectivo más el costo del traslado. Este costo de traslado incluye los gastos por intereses más los costos por almacenamiento, seguro y transporte, si correspondieran. En los mercados normales, los precios de los futuros serán mayores que los precios del dinero en efectivo.

Los mercados de futuros están regulados por la Comisión de Operaciones con Futuros de Productos Básicos (CFTC, por sus siglas en inglés), la Asociación Nacional de Futuros (NFA) y las bolsas de valores. La NFA investiga y realiza pruebas sobre los potenciales miembros de la industria. Examina sus conocimientos de la industria y su capacidad ética. También establece los requisitos para las operaciones de capital y los registros de los clientes. La CFTC aprueba los nuevos contratos, normas de operación, etc. Las bolsas de valores imponen requisitos mínimos de margen.

TIPOS DE PEDIDOS

Pedido limitado

En un pedido limitado, el corredor de piso debe comprar cuando el mercado está en baja a un precio específico, y vender cuando el mercado está en alza. Se entiende que si puede ejecutar el pedido a un precio mejor, lo hará. El pedido limitado le indica al corredor de piso que compre o venda los contratos designados al precio estipulado o a un precio mejor. Los pedidos de compra limitados generalmente se ingresan por debajo del precio preponderante del mercado, y los pedidos de venta limitados, por encima de tal precio. Hay una excepción: cuando desea pagar el precio de mercado pero desea protegerse contra cualquier corrida de precios. En este caso, el pedido limitado se coloca ligeramente por encima del último precio (unos 3 *ticks*) para asegurarse la compra en un mercado alcista o, apenas se percibe una baja, para asegurarse la venta en un mercado en caída. Si el mercado permanece invariable mientras el pedido sigue el recorrido, podría recibir un precio mejor, pero da lugar a una maniobra en caso de que el mercado comience a oscilar. El riesgo de utilizar el pedido limitado en lugar del pedido al precio de mercado es que si el mercado oscila antes de que se ejecute el pedido, debe sentarse a observar cómo el mercado se desplaza en su dirección. En consecuencia, los operadores que ingresan pedidos al precio de mercado tienen la certeza de que se ejecutarán sus pedidos, pero tienen poco control sobre el precio. Si usted utiliza pedidos limitados, mantiene el control sobre el precio pero corre el riesgo de perder el mercado. En resumen, el operador trabaja con mayor comodidad si recibe un pedido limitado. Siempre puede revisarse.

Pedido al precio de mercado

Este es el pedido básico. Es el tipo de pedido más frecuente. Le indica al corredor de piso que compre o venda un monto específico de contratos de un mes determinado de entrega al precio preponderante cuando el pedido llegue al parqué. El corredor de piso recibirá el pedido en el parqué y gritará "precio de mercado". Los operadores locales y los corredores de piso anunciarán la oferta "a viva voz" y se ejecutará el pedido. El pedido de venta se colocará con la oferta más alta, y el pedido de compra se colocará con la oferta más baja. Los precios de los futuros pueden oscilar a una velocidad sorprendente durante las agitadas sesiones del mercado. El precio que se cotiza telefónicamente no está disponible unos segundos después, y cuando coloca un pedido al precio de mercado, algunas veces descubrirá que el pedido se ejecutó a un precio sumamente diferente del precio cotizado telefónicamente u observado en su pantalla de cotización. Estas variaciones en el precio parecen jugar invariablemente en contra del operador en lugar de a su favor. Ante esta posibilidad, que ocurre con frecuencia en el mercado de futuros, usted debería saber que los operadores profesionales evitan los pedidos al precio de mercado siempre que sea posible.

Pedido con plazo

Los pedidos también tienen límites respecto del tiempo de validez. Puede ingresar un pedido en el día, que se ejecutará en la primera ocasión en que el contrato se negocie al precio indicado. Si este pedido no se ejecuta al cierre del día, se cancela de manera automática y, a la mañana siguiente, deberá iniciarse un nuevo pedido si usted continúa deseando la posición.

Pedido abierto (GTC)

Este tipo de pedido es válido hasta el momento de su cancelación y sus siglas en inglés son GTC. Permanecerá en el escritorio del corredor (escritorio de pedidos) hasta que se ejecute o cancele.

Pedido a todo o nada (AON)

En el caso de un pedido a todo o nada (AON, por sus siglas en inglés), el corredor de piso no puede ejecutar solo una parte del pedido. El corredor de piso tiene que ejecutar todos los contratos. Se trata de un pedido limitado que debe ejecutarse en su totalidad. Por ejemplo, si el corredor tiene un pedido limitado para vender del 10 de marzo, S&PSOO a 620,10 y usted solo vende 6 contratos, porque 620,10 fue el punto en alza y su pedido no pudo ejecutarse en su totalidad, hay una ejecución parcial. Es probable que algunos corredores no acepten un pedido a todo o nada.

Pedido de suspensión

El pedido de suspensión es particularmente importante en las operaciones de futuros. Se utiliza principalmente para limitar las pérdidas (suspensión de las pérdidas), pero tiene otras aplicaciones. Si se determina en el inicio el monto de pérdida que está preparado para soportar, y la colocación de su pedido de suspensión para que su posición se cierre en ese punto, utiliza una buena práctica de operaciones. Cada vez que coloca un pedido, también debería colocar un pedido abierto contingente para compensar su nueva posición. El segundo pedido debería permanecer inactivo hasta que se produzca la transacción. Si el mercado oscila en contra y "compensa su suspensión", entonces el pedido abierto de suspensión se transforma en un pedido al precio de mercado. Al igual que en un pedido al precio de mercado, no existe la certeza de que se ejecutará al precio de suspensión. Un ejemplo extremo: si el valor superó el techo o el piso en relación con el nivel de suspensión, usted debería permanecer inmóvil en su posición hasta que las operaciones se encaucen nuevamente a determinado nivel de precio. Este escenario no se presenta con frecuencia, pero es un riesgo mayor inherente a las operaciones de futuros con productos básicos.

¿Dónde debería detenerse? Un retroceso del 33 % es frecuente, pero generalmente demasiado ajustado. Un retroceso del 66 % es demasiado elevado. Uno del 50 % es razonable para la suspensión. El arte de establecer un precio de suspensión radica en decidir cuánta oscilación en el precio adverso tiene una corrección temporaria y cuándo se transforma en una reversión más profunda.

Pedido limitado de suspensión

Una variante del pedido de suspensión de pérdidas es el pedido limitado de suspensión. Cuando se alcanza el precio de suspensión, el corredor del piso coloca un pedido limitado regular, en lugar de un pedido al precio de mercado. Este pedido adquiere un precio específico. La desventaja del pedido de suspensión es que si el mercado sube o baja con respecto al precio limitado, no hay certeza de que el precio regrese al nivel de ejecución del pedido. Si el mercado llega a su precio y sigue avanzando, usted no se sumará.

Pedido si se alcanza un precio (MIT)

Este pedido se transforma en un pedido al precio de mercado, si se alcanza el precio especificado. Es entonces cuando se ejecuta de la misma manera que un pedido al precio de mercado. Un pedido si se alcanza un precio (MIT, por sus siglas en inglés) para comprar se transforma en un pedido al precio de mercado, si el contrato de futuros se negocia al precio indicado en el pedido, o por debajo de él. Un pedido MIT para vender se transforma en un pedido al precio de mercado si el contrato de futuros se negocia al precio indicado en el pedido o por encima de él.

Pedido de inversión

En este tipo de pedido, hay posiciones simultáneas cortas y largas en los mismos futuros de productos básicos o en otros relacionados. Un pedido de inversión consistiría en comprar un mes de cierto producto básico y vender otro mes del mismo producto básico, o comprar un mes de un producto básico y vender el mismo mes de otro producto básico, pero relacionado.

Compra 5 de mayo maíz – venta 5 de mayo trigo
Compra 5 de julio frijoles MKT – venta 5 de noviembre frijoles MKT

Compra 5 de julio frijoles – venta 5 de noviembre frijoles 2 centavos

El riesgo de estas inversiones puede ser significativo. El alto nivel de apalancamiento que generalmente se obtiene en las transacciones con inversiones reconocidas debido a los requisitos de márgenes mínimos podría tanto perjudicarlo como beneficiarlo. No obstante, el operador de inversiones tiene muchas ventajas, por ejemplo, mayor diversidad de capital, flexibilidad, confiabilidad histórica y estacional, exposición a un riesgo frecuentemente menor y menor oscilación violenta de los precios.

Pedido de precio del mercado al cierre del día (MOC)

Este pedido se ejecuta al cierre del día del mercado. El rango de cierre se establece durante los últimos 30 segundos del día de mercado. Durante este periodo, hay un alza y una baja, que es establecida por el "comité del parqué". Un pedido de precio del mercado al cierre del día (MOC, por sus siglas en inglés) es un pedido al precio del mercado que se ejecuta durante los últimos 30 segundos del día de mercado y debe negociarse dentro del rango de cierre. En conclusión, todos los pedidos, excepto los pedidos al precio de mercado, pueden cancelarse antes de la ejecución. Un pedido al precio del mercado se ejecuta de inmediato al ingresar al parqué, por lo que es imposible cancelarlo. Hay otras variaciones de pedidos, pero los tipos de pedidos tratados aquí son suficientes.

PREGUNTAS DE EJERCICIO

1. ¿Cuáles son las diferencias entre los contratos a plazo y los contratos de futuros?

2. ¿Qué es una garantía de cumplimiento?

3. ¿Qué es una bolsa de valores?

4. Mencione las maneras en que un operador puede abandonar su posición de futuros.

5. ¿Qué es un operador de cobertura?

6. ¿Qué es un especulador?

7. ¿Cómo afectan los mercados de dinero en efectivo a los mercados de futuros?

8. Mencione la agencia de gobierno que regula la industria de los futuros.

9. ¿Qué es un pedido al precio de mercado?

10. ¿Qué es un pedido limitado?

11. ¿Qué es un pedido de suspensión?

12. ¿Qué es una membresía?

13. Los futuros se han negociado en los Estados Unidos durante cientos de años. (Verdadero/Falso)

14. Los contratos a plazo se han negociado en los Estados Unidos durante cientos de años. (Verdadero/Falso)

15. Un operador compra un contrato de bonos del Tesoro por 112-03 y luego lo vende por 112-13. ¿Cuánto ganó el operador?

16. ¿Cuáles son los puntos altos y bajos del contrato de yenes japoneses de diciembre?

2 LAS VEINTE NORMAS DE COMERCIALIZACIÓN DE LOS FUTUROS SOBRE PRODUCTOS BÁSICOS

La disciplina, clave del éxito en tantos aspectos de la vida, es el ingrediente principal de cualquier plan exitoso de intercambio comercial. Pero, ¿qué significa la disciplina para un operador intradía?

1. La disciplina implica asumir pérdidas pequeñas, que se muevan con velocidad, e incrementar sus ganancias.
2. La disciplina implica usar pedidos de suspensión de pérdidas en cada transacción para limitar sus pérdidas, y adaptar sus pedidos de suspensión de pérdidas para proteger sus ganancias.
3. La disciplina implica seguir todas las señales de compra y de venta que ofrece su estilo de negociación o sistema de transacciones.

En todas las transacciones, debe esperar sufrir pérdidas y deberá aceptarlas de la mejor manera posible. Con tan solo un error, puede borrar las ganancias de diez transacciones positivas. No puede elegir qué señales comerciales tomará en cuenta y cuáles no. Las transacciones comerciales no son una ciencia exacta. Aun cuando usted solo tenga una precisión del 50 % en sus transacciones, puede generar mucho dinero si maneja sus posiciones en baja correctamente. Esta es la verdadera disciplina de negociación. Es difícil desear continuar con las transacciones después de una, dos, o incluso tres pérdidas seguidas fuertes. Usted percibe las señales y pierde dinero, pero lo peor de todo es que pierde la confianza.

Si usted decide previamente en cada transacción cuánto riesgo asumirá (es decir, cuánto dinero está dispuesto a perder), utiliza una excelente disciplina de negociación. Si busca un estilo de negociación que no le ofrezca ni un riesgo de recompensa de uno a uno, ni un riesgo de recompensa de dos a uno, sino un índice de riesgo de recompensa de tres a uno, utiliza una excelente disciplina de negociación.

Los mercados de productos básicos son un excelente lugar para obtener una pequeña fortuna a partir de otra grande. Por cada dólar que se gana, otro dólar se pierde con otro operador. Si tiene la disciplina de adoptar un estilo de negociación que ofrezca un índice de riesgo de recompensa de tres a uno, podrá equivocarse en el 75 % de sus transacciones y acertar únicamente en el 25 %, y aun así mantener el equilibrio financiero. Este es un enfoque excelente, especialmente para los nuevos operadores.

Uno de los principales problemas que deben superar los operadores nuevos es su expectativa para ganar dinero de inmediato. Pierden de vista el hecho de que los futuros de productos básicos son un juego que equivale a cero, es decir, por cada dólar que se gana, se pierde otro dólar con otro operador. Se olvidan de que les llevó mucho tiempo llegar a manejar la actividad, e incluso convertirse en especialistas, en su carrera anterior. No reconocen que negocian con especialistas con años de experiencia, provenientes de múltiples generaciones de familias de operadores. Son personas cuyos padres, esposo/a, amigos, hermanos e hijos también son operadores. Son personas que comen, duermen, beben y prácticamente viven para ser operadores. Es difícil superar a un profesional en cualquier campo, pero en el de futuros de productos básicos, deberá aprenderlo antes de comenzar a ganar dinero.

A continuación, se detallan las veinte normas de comercialización de Commodity Boot Camp, Ltd. para que las tome en cuenta. La disciplina no garantiza la obtención de resultados perfectos, pero evitará que dude sobre su estilo de negociación. La consistencia y el cumplimiento de estas normas es su mejor decisión.

NORMAS DE COMERCIALIZACIÓN

Norma 1: No genere una adicción a su trabajo como operador.

Norma 2: Usted se desempeña como operador para ganar dinero, no como diversión o entretenimiento, ni para evitar aburrirse.

Norma 3: Nunca haga hincapié en una mala transacción.

Norma 4: Una vez que obtenga ganancias en una transacción, nunca permita que se convierta en una pérdida.

Norma 5: NO "ESPERE" NI "DESEE" NI "RUEGUE". NO SE BASE EN LO QUE PODRÍA O DEBERÍA HABER HECHO: ¡NO SE GUÍE POR OPINIONES!

Norma 6: No sea un operador rígido; sea flexible.

Norma 7: Conozca su riesgo en cada transacción. ¡Realice las operaciones con SUSPENSIONES DE PÉRDIDAS!

Norma 8: Aspire a un objetivo de ganancias 3-1 antes de realizar la transacción.

Norma 9: Cuando inicie la transacción, siempre reciba su precio.

Norma 10: Cuando liquide una mala transacción, ¡Siempre utilice un pedido al precio de mercado!

Norma 11: Una transacción colocada sobre la hora del cierre es tan válida como el resto.

Norma 12: Obtenga diez puntos en un millón de transacciones, no un millón de puntos en diez transacciones.

Norma 13: Aprenda de sus errores.

Norma 14: Elabore un plan. Explote sus beneficios. Cúmplalo.

Norma 15: Respete la regla de 3 transacciones seguidas con pérdidas: ¡Suspenda las pérdidas! Tómese un descanso.

Norma 16: ¡MANTENGA UNA DISCIPLINA! Sin disciplina, pierde el 90 % de las personas.

Norma 17: ¡Preste atención a los altibajos semanales!

Norma 18: Los sistemas de software de los gurús solo generan ganancias para sus representantes de ventas. Desarrolle su propio enfoque.

Norma 19: Entienda las inversiones y las opciones.

Norma 20: ¡Los indicadores técnicos y fundamentales también son importantes!

3 TÉCNICA DE PIVOTE

Para un operador activo intradía, la técnica de pivote ofrece numerosas oportunidades de cotizaciones. Demuestra la eficiencia en todos los mercados de futuros, pero es especialmente eficaz en los mercados con un amplio rango de cotizaciones diarias. Los mercados con un amplio rango regular de cotizaciones diarias incluyen, por ejemplo, al S&P 500, a bonos del Tesoro, a francos suizos, marcos alemanes, yenes japoneses y libras esterlinas. La técnica de pivote es más difícil de implementar en los mercados agrícolas, que generalmente presentan rangos estrechos en las cotizaciones diarias.

Las presunciones de la técnica de pivote son simples y fáciles de seguir, y la técnica en sí misma es útil porque impone disciplina sobre el operador. También brinda al operador una aproximación sobre las tendencias de precios. La esencia de comercializar durante el día con la técnica de pivote radica en asumir posiciones largas (o de compra) cuando el mercado arremete por encima del pivote, y posiciones cortas (o de venta), cuando el mercado llega al pivote con un movimiento por debajo. En esta presentación, explicaremos estas presunciones y cómo puede calcular sus propios puntos de pivote. También explicaremos cómo implementar los números de soporte y resistencia que usted calcule con su propia estrategia.

CÁLCULO DEL PIVOTE DIARIO

La totalidad de la técnica de pivote consta de cinco fórmulas básicas aritméticas y algebraicas. Está basada en análisis técnicos: el punto máximo de la sesión de mercado previa, el punto mínimo, y los precios de acuerdo, también denominados "precios de cierre". En efecto, la primera fórmula, que calcula el pivote diario, requiere el máximo de la sesión de mercado previa, el mínimo, y los precios de cierre. Sume estas cantidades y divida el resultado por tres. Es así de fácil calcular el punto de pivote diario, que se utilizará en las otras cuatro fórmulas de la técnica de pivote.

Los precios de futuros fluctúan constantemente durante el día. Al final del día de cotizaciones, sabremos el punto máximo, el mínimo y los precios de cierre. No obstante, también es conveniente saber cuál fue el precio promedio del día. Este precio promedio nos permitirá decidir si deseamos una posición larga (compradores) o una corta (vendedores) en el mercado. Si un precio supera el promedio diario, es conveniente una posición larga. Por el contrario, si un precio es inferior al promedio diario, es conveniente una posición corta. A esta altura, queda claro que el promedio diario es equivalente al pivote diario.

La técnica de pivote guía al operador hacia transacciones de compra o venta. Mediante la técnica de pivote, podemos elegir precios con resistencia y soporte. La resistencia y el soporte se refieren a la tendencia del movimiento de precios en su relación con el promedio. La resistencia se define como la venta sostenida que ingresa al mercado para detener o contener una estampida. Por el otro lado, el soporte se define como la compra sostenida que ingresa al mercado para detener el derrumbe de precios.

En general, los precios no tienden a superar los puntos de resistencia y de soporte. Si el precio supera la resistencia o cae por debajo del soporte, esto se interpreta como una tendencia. Los puntos de resistencia y soporte no predicen el movimiento de precios. Son utilizados por el operador individual para iniciar los pedidos de compra o venta.

Veamos un ejemplo. Supongamos que el contrato de futuros de S&P 500 cerró a 500, con un máximo diario de 502,50, y un mínimo diario de 497,50. Para determinar el pivote diario, calculamos el promedio del máximo, el mínimo, y el precio de cierre. En este ejemplo, sumamos 502,50; 497,50 y 500, y dividimos el resultado por tres. El promedio o pivote diario es 500. Durante el día de cotizaciones, deberíamos tender a adoptar una posición larga por encima de 500, y una posición corta por debajo de 500.

NIVEL DE RESISTENCIA UNO (R1)

Para calcular el primer nivel de resistencia (R1), multiplicamos el pivote por dos y sustraemos el mínimo. Si utilizamos nuevamente el ejemplo anterior, multiplicamos 500 por 2 y sustraemos 497,50. 500 x 2 = 1000 – 497,50 = 502,50. Nuestra respuesta es 502,50. En consecuencia, el nivel de resistencia uno (R1) es 502,50.

NIVEL DE SOPORTE UNO (S1)

El primer nivel de soporte (S1) se calcula de la siguiente manera: se multiplica el pivote por dos y se sustrae el máximo. 500 x 2 = 1000 – 502,50 = 497,50. Nuestro primer nivel de soporte (S1) es 497,50. Ahora tenemos los elementos básicos de un plan de cotizaciones diarias. Los números 502,50; 500 y 497,50 son el nivel de resistencia uno (R1), el pivote diario (P) y el nivel de soporte (S1), respectivamente.

Como ya explicamos, la esencia de la cotización diaria con la técnica de pivote radica en posiciones largas cuando el mercado arremete por encima del pivote, y en posiciones cortas cuando el mercado llega al pivote con un movimiento por debajo Si colocamos posiciones largas cuando el mercado traspasa el punto de pivote en un movimiento alcista, nuestro primer objetivo para obtener ganancias será el nivel de resistencia uno (R1). Utilizaremos un pedido de suspensión dinámica de pérdidas por venta para proteger la posición larga que hemos iniciado en el punto de pivote. Si el mercado encontrara resistencia (es decir, presión de venta) en el nivel de resistencia uno (R1), venderíamos nuestra posición larga para obtener ganancias y, luego, cancelaríamos nuestro pedido de suspensión de pérdidas por venta, que funciona como protección. No obstante, si el mercado penetrara el nivel de resistencia uno, mantendríamos la posición larga y moveríamos ligeramente el pedido de suspensión de pérdidas por venta (protección) por debajo del nivel de resistencia uno (R1) a fin de obtener más ganancias. Recuerde, y esto es muy importante, los niveles de resistencia tienden a convertirse en niveles de soporte una vez que son superados en un movimiento alcista.

Por el contrario, si tuviéramos que comenzar una posición corta cuando el punto de pivote fue traspasado en una caída de precios, obtendríamos un pedido de suspensión de pérdidas por compra para protegernos de un repentino revés del mercado, pero nuestro primer objetivo de ganancias sería el nivel de soporte uno (S1). Si el mercado continuara la caída en picada y llegara al nivel de soporte uno (S1), compraríamos en nuestra posición corta para obtener beneficios y cancelaríamos nuestro pedido protector de suspensión de pérdidas por compra. No obstante, si continuara la caída en picada y traspasara el nivel de soporte uno (S1), moveríamos ligeramente nuestro pedido protector de suspensión de pérdidas por compra por encima del nivel de soporte uno (S1). Recuerde, y esto es muy importante, los niveles de soporte tienden a convertirse en niveles de resistencia una vez que son traspasados en una caída de precios. Si el mercado continúa la caída en picada, continuaremos desplazando hacia abajo nuestro pedido protector para suspender las pérdidas a fin de obtener más ganancias y protegerlas.

Los puntos de soporte son los puntos en los que el operador esperaría una acumulación de pedidos de compra durante una tendencia del mercado a la baja, y los puntos de resistencia son los puntos en los que el operador esperaría una acumulación de pedidos de venta durante una tendencia alcista del mercado. Los puntos de soporte y resistencia pueden ser traspasados, pero estos son los primeros niveles de soporte y resistencia. Mediante las fórmulas, se calculan estos puntos a fin de que un operador astuto obtenga beneficios. Si los precios estuvieran por debajo del punto de pivote, nos inclinaríamos por una posición corta con un pedido de suspensión dinámica de pérdidas por compra. Si los precios estuvieran por encima del punto de pivote, nos inclinaríamos por una posición larga con un pedido de suspensión dinámica de pérdidas por venta.

Hay dos cálculos más que son importantes. Se denominan nivel de resistencia dos (R2) y nivel de soporte dos (S2).

NIVEL DE RESISTENCIA DOS (R2)

El nivel de resistencia dos (R2) es el último punto en el que esperaría encontrar resistencia en un mercado alcista. No es conveniente adoptar una posición corta si el mercado traspasa el nivel de resistencia dos (R2).

Para calcular el nivel de resistencia dos (R2), sustraemos el nivel de soporte uno (S1) del pivote, y sumamos el nivel de resistencia uno (R1). En el mismo ejemplo que hemos estado usando, el cálculo sería: 500 – 497,50 + 502,50 = 505. En consecuencia, 505 es el nivel de resistencia dos (R2). Si mantuviéramos nuestra posición larga cuando el mercado traspasara el nivel de resistencia uno (R1), nuestro próximo objetivo de ganancias sería el nivel de resistencia dos (R2). Utilizaríamos un pedido de suspensión de pérdidas por venta para proteger nuestras ganancias. No obstante, si el mercado encontrara resistencia en el nivel de resistencia dos (R2), venderíamos nuestra posición larga y cancelaríamos nuestro pedido de suspensión de pérdidas. Si el mercado continuara la tendencia alcista y traspasara el nivel de resistencia dos (R2), moveríamos ligeramente el pedido protector de suspensión de pérdidas por venta por debajo del nivel de resistencia dos (R2), porque los niveles de resistencia tienden a convertirse en niveles de soporte una vez que son traspasados por la tendencia alcista del mercado.

NIVEL DE SOPORTE DOS (S2)

Nuestro último cálculo será el nivel de soporte dos (S2). Para ello, sustraemos el nivel de resistencia uno (R1) del pivote, y sumamos el nivel de soporte (S1). En el mismo ejemplo que hemos estado usando, el cálculo sería: 500 – 502,50 + 497,50. Nuestra respuesta es 495,00. El nivel de soporte dos (S2) es 495,00. Si el soporte (pedidos de compra) encontrara una tendencia del mercado a la baja, sería el nivel de soporte dos (S2). No es conveniente una posición larga cuando se traspasa el nivel de soporte dos (S2).

Si mantuviéramos nuestra posición corta cuando el mercado traspasa el nivel de soporte uno (S1), nuestro próximo objetivo de ganancias sería el nivel de soporte dos (S2). Si el mercado continuara la caída en picada hasta llegar al nivel de soporte dos (S2) e ingresaran compras (soporte) al mercado, compraríamos en nuestra posición corta y cancelaríamos nuestro pedido protector de suspensión de pérdidas por compra. No obstante, si continuara la caída en picada y traspasara el nivel de soporte dos (S2), moveríamos ligeramente nuestro pedido de suspensión de pérdidas por compra por encima del nivel de soporte dos (S2) para proteger las ganancias de nuestra posición corta. Recuerde que los niveles de soporte tienden a convertirse en niveles de resistencia una vez que son traspasados en una caída de precios. Cualquier técnica que se utilice en las cotizaciones debe combinarse con pedidos de suspensión de pérdidas. Muy pocos de nosotros tenemos los medios para contener las inevitables fluctuaciones, que ocurren incluso en condiciones normales de mercado. Deberá decidir con antelación cuánto está dispuesto a arriesgar en cada transacción. Recuerde que la mayoría de los operadores genera pérdidas debido a que no se desempeñan con disciplina. Planifique la operación y, luego, opere conforme al plan. No opere conforme a sus impulsos o su ego.

Cuando opere en S&P 500, le recomiendo que use 6 *ticks* o un pedido de suspensión de pérdidas de USD 150. En el caso de los bonos del Tesoro, uso 3 *ticks* o un pedido de suspensión de pérdidas de USD 93,75 y, en las principales divisas, uso 8 *ticks* o un pedido de suspensión de pérdidas de USD 100. Estas no son reglas exactas y tienden a variar conforme a la volatilidad del mercado. No obstante, opere con un pedido de suspensión de pérdidas.

Cuando utilice la técnica de pivote, puede ingresar al mercado en cualquiera de los cinco niveles que hemos explicado. Recuerde: las transacciones bursátiles no son una ciencia exacta. Son un arte que requiere habilidades. Su decisión de adoptar una posición larga o corta determina su rentabilidad, y su habilidad o deseo de asumir pequeñas pérdidas determina su éxito en general.

Recuerde que el mercado no se equivoca; son sus opiniones sobre el mercado las que pueden ser erróneas.

REVISIÓN DE FÓRMULAS

1. (Máximo* + mínimo* + cierre*) ÷ 3 = pivote
2. (2 x pivote) – mínimo = nivel de resistencia uno (R1)
3. (2 x pivote) – máximo = nivel de soporte uno (S1)
4. (Pivote – S1) + R1 = nivel de resistencia dos (R2)
5. Pivote – (R1 – S1) = nivel de soporte dos (S2)

Escriba los números:

1. _____ Pivote
2. _____ Nivel de resistencia uno (R1)
3. _____ Nivel de soporte uno (S1)
4. _____ Nivel de resistencia dos (R2)
5. _____ Nivel de soporte dos (S2)

Conozca las novedades de la economía que afecten su posición en las operaciones.

El riesgo del mercado de futuros puede ser significativo. Los márgenes varían sin previo aviso. Los márgenes mínimos no son aplicables a las posiciones de inversión. El alto nivel de apalancamiento, que generalmente se obtiene en las transacciones con futuros debido a los requisitos de márgenes mínimos, podría tanto perjudicarlo como beneficiarlo.

4 EL ESTILO GREENSPAN

CUALQUIER MERCADO, EN CUALQUIER MOMENTO, EN MUCHAS OCASIONES

¿Qué información necesito para operar al estilo Greenspan?

- el rango de precios de apertura del día de hoy
- los precios máximos y mínimos del día de hoy
- los precios máximos y mínimos y los precios de cierre del día de ayer
- los precios máximos y mínimos de la semana
- los picos máximos y mínimos recientes
- todos los precios máximos y mínimos que ha habido históricamente

EL ESTILO GREENSPAN
Cualquier mercado, cualquier momento, en muchos momentos
Un enfoque simple hacia un día de cotización

RANGO DE APERTURA

El rango de apertura es una de las constantes diarias en todo mercado. Se establece dentro de los primeros 90 segundos y no puede ser modificado en todo el día. El mercado podría moverse hacia delante y hacia atrás, dentro de este rango de apertura, muchas veces a lo largo del día.

Cada vez que el mercado viola el punto máximo o mínimo del rango de apertura, está mostrando dirección. Un comerciante querrá establecer una posición larga si el mercado violara el máximo del rango de apretura y, de forma inversa, querrá establecer una posición corta si el mercado violara el mínimo del rango de apertura.

Se establecerá un pedido de suspensión de pérdidas en algún punto dentro del rango, dependiendo de cuánto riesgo esté dispuesto a correr el comerciante. A mitad de camino, o en el medio del rango de apertura, es un buen lugar para posicionarse, especialmente para los principiantes.

Pero si usted vende el mercado cuando viola el mínimo, y luego el mercado retrocede y parece que fuera a violar el máximo del rango de apertura, cubra o revierta su posición.

Recuerde, puede equivocarse con respecto al mercado con pequeñas sumas de dinero muchas veces. Son los momentos en los que uno se pone terco y convierte una pequeña pérdida en una gran pérdida los que pueden arruinarlo.

EL MÁXIMO Y MÍNIMO DIARIO

El máximo y mínimo diarios son establecidos y cambian constantemente a lo largo del día. Observará cómo el mercado establece un nuevo máximo o un nuevo mínimo, y luego se revierte y realiza transacciones en el rango de cotización diario.

El mercado también establecerá un nuevo máximo o mínimo y luego se moverá rápidamente (comercio rápido) a un nuevo nivel. Estas se denominan rupturas.

Existen numerosas órdenes de suspensión de pérdida asociadas con el máximo y mínimo diarios. Un precio de compra en un pedido de suspensión de pérdida que se encuentre por encima del máximo del día o por debajo del mínimo del día impulsará al mercado a un nuevo nivel.

Muchos comerciantes dan órdenes para la venta en el día y establecen un pedido de suspensión de pérdida justo en el máximo del día, o por encima de él. A veces el pedido de suspensión de pérdida es igual a su posición (con lo cual tan solo toman su pérdida), y a veces se establecen puntos de reversión para primero tomar las pérdidas, y luego establecer una nueva posición larga. El mercado muestra dirección al establecer un nuevo máximo y un nuevo mínimo.

La misma teoría aplica para las órdenes de compra en el día. Un comerciante tendrá una orden de compra en el día y ordenará el pedido de suspensión de pérdida justo en el mínimo del día, o quizás el pedido de suspensión de pérdida se encontrará justo por debajo del mínimo del día. Todo esto depende del riesgo que esté dispuesto a correr. Nuevamente, muchos comerciantes simplemente soportarán sus pérdidas mediante la venta de una cantidad de contratos igual a la de una posición larga, y otros comerciantes colocarán un pedido de suspensión de pérdida en un punto de reversión, con el fin de establecer una nueva posición corta. Este tipo de comerciante está en busca de una ruptura. Una ruptura ocurre cuando el mercado supera la máxima o mínima del día y se precipita, de forma volátil y violenta, hacia un nuevo nivel mucho más alto o bajo. Es un tipo de comercio muy arriesgado, pero puede ser muy gratificante.

Recuerde que debe negociar con pedidos de suspensión de pérdida ya que este estilo que aquí enseño no funciona todos los días. Cuando esté en lo cierto, puede estar totalmente en lo cierto; pero cuando se equivoque - las pérdidas pequeñas son su mejor amigo. El riesgo del comercio de futuros puede ser sustancial y el alto nivel de apalancamiento, que generalmente se obtiene de los futuros debido a los pocos requisitos del margen, podría tanto perjudicarlo como beneficiarlo.

EL MÁXIMO, EL MÍNIMO Y LA COTIZACIÓN DE CIERRE DEL DÍA ANTERIOR

Los precios máximos y mínimos del día anterior son excelentes puntos de referencia para la entrada al mercado, así como para la salida del mismo. A su vez, son constantes en el mercado, ya que no pueden cambiarse el máximo, el mínimo o la cotización de cierre del día anterior.

Si se encuentra en una posición corta y el mercado está a punto de sobrepasar el máximo del día anterior, debería cubrir su posición corta para tomar sus pérdidas, o revertir su posición hacia una larga, ya que el mercado está mostrando dirección.

Si se encuentra en una posición larga y el mercado está a punto de sobrepasar el mínimo del día anterior, debería compensar su posición larga e iniciar una posición corta, ya que el mercado está mostrando dirección.

Existen numerosos pedidos de suspensión de pérdida asociados con el máximo y mínimo del día anterior. Muchos comerciantes conservan estos números ya que los datos de máximo, mínimo, y cierre del día anterior son la base del análisis técnico y los cimientos sobre los cuales se construyen muchos sistemas de puntos pivote.

La cotización de cierre del día anterior es muy importante ya que se juzga al mercado por cuánto más alto o bajo se está utilizando dicha cifra en el día. Cuando el mercado pasa del punto más alto al más bajo en el día, se encuentra violando la cotización de cierre del día anterior de forma negativa. No le gustaría estar en una posición larga en ese momento.

Cuando el mercado muestre una tendencia a corto plazo, sígala. La tendencia es su amiga.

EL MÁXIMO Y MÍNIMO SEMANAL

El máximo y el mínimo semanal también tiene una importancia significativa. A su vez, no son constantes en el mercado. Existen muchos comerciantes que conservan el máximo y mínimo semanal. Muchos comerciantes, que comercian con un margen de tiempo mayor, utilizan estos puntos para ingresar o salir del mercado. Al analizar el máximo y mínimo semanal, se puede observar que el mercado está mostrando una dirección clara. Habrá numerosas pedidos de suspensión de pérdida con comerciantes que ingresan o salen del mercado. Lo que quiero decir con esto es que un comerciante que se encuentra en una posición larga podría liquidar su posición cuando el mercado viola el mínimo semanal, o un comerciante podría tener un pedido de suspensión de pérdida de venta por debajo del mínimo semanal (ruptura). Un comerciante que se encuentra en una posición corta adquirirá su posición al máximo semanal o por sobre él, o colocará un pedido de suspensión de pérdida de reversión para establecer una posición larga (alcista). Algunos comerciantes establecen nuevas posiciones utilizando pedidos de suspensión de pérdida. Cuando el mercado penetra el mínimo o máximo semanal, ingresan al mercado con un pedido de suspensión de pérdida.

EL MAYOR MÁXIMO RECIENTE O EL MENOR MÍNIMO RECIENTE

Todo mercado tiene un máximo histórico y un mínimo histórico. Son cifras muy importantes que todos los agentes del mercado tienen presentes. Si el mercado se acerca a una máximo o mínimo histórico, un comerciante astuto prestaría gran atención a ese mercado. La violación de un precio récord es un evento histórico y merece una atención considerable. A su vez, deben haber motivos significativos para que un mercado sea impulsado hacia su precio récord. No querrá estar en una posición corta cuando el mercado alcance un nuevo máximo récord. Usted no sabe cuán alto será el nuevo máximo récord. Lo mismo aplica para un mínimo récord. No querrá estar en una posición larga cuando el mercado alcance su récord mínimo; el fondo podría ser muy profundo.

Si el mercado viola el mínimo, establezca una posición corta y, de forma inversa, si el mercado viola el máximo, establezca una posición larga. Siempre utilice pedidos de suspensión de pérdida en caso de que el mercado no responda correctamente.

Desafortunadamente, el mercado no opera cerca de su récord máximo o mínimo con frecuencia, por lo que sustituimos el mayor máximo más reciente y el menor mínimo más reciente. Todos los mercados los tienen.

Podría ser el máximo que se alcanzó hace tres semanas, o el mínimo que se alcanzó durante las negociaciones sobre el presupuesto federal.

Existe algún factor que hizo que el mayor máximo o el menor mínimo sea significativo. Estas son las cifras claves a partir de las cuales comerciar. Usted debería intentar establecer una posición corta cuando se viole el menor mínimo reciente, o una posición larga cuando se viole el mayor máximo reciente. Habrán muchos pedidos de suspensión de pérdida asociados con estos puntos en el mercado y, a su vez, habrá mucho interés por parte de comerciantes profesionales que busquen iniciar nuevas posiciones. Realice un seguimiento del mayor máximo y el menor mínimo recientes. Son cuestiones claves para la entrada y salida del mercado. •

El riesgo del mercado de futuros puede ser sustancial. Las márgenes están sujetas a cambios sin previo aviso. Las márgenes mínimas no aplican a las posiciones diferenciales. El nivel más alto de apalancamiento que generalmente se obtiene del comercio de futuros, debido a los pocos requisitos del margen, podría tanto perjudicarlo como beneficiarlo.•

5 INTRODUCCIÓN A OPCIONES SOBRE FUTUROS

Existen 2 tipos de opciones. La primera es la **opción de compra**. Una opción de compra proporciona al comprador de la opción el derecho, pero no la obligación, de comprar una acción, producto o índice específico a un precio fijo en una fecha específica, o antes de ella. El comprador de la opción debe entregar la acción, producto o efectivo al comprador de la opción si decide ejercer su opción. El segundo tipo de opción es la **opción de venta**. El comprador de la opción de venta tiene el derecho, pero no la obligación, de vender una acción, producto o índice en una fecha específica, o antes de ella. El vendedor de la opción de venta tiene la obligación de estar largo para la acción, producto o índice si el comprador de la opción de venta decide ejercer. Los compradores de opciones ejercen sus derechos mientras que los vendedores son asignados.

Las características generales de las opciones son su **precio de ejercicio, fecha de vencimiento, prima, valor temporal, valor intrínseco,** y su **volatilidad.**

El **precio de ejercicio** de una opción es el precio que se dará a la acción subyacente, producto o índice efectivo si se ejerce la opción.

La **fecha de vencimiento** es la fecha después de la cual una opción no puede ser ejercida. Las opciones pueden ser de "estilo estadounidense", las cuales pueden ser ejercidas cualquier día antes de la fecha de vencimiento, o de "estilo europeo", las cuales pueden ser ejercidas únicamente en su fecha de vencimiento.

La **prima** es el precio pagado por una opción.

El valor de mercado de una opción es la suma de su valor intrínseco y su valor temporal. El valor intrínseco es el valor que tendría la opción de ser ejercida de inmediato. El valor temporal es la diferencia entre el valor de mercado y el valor intrínseco de una opción. El valor intrínseco de una opción no puede ser menor que 0. Para las opciones de compra, la opción se encuentra "dentro del dinero" si el precio de ejercicio está por debajo del precio de mercado de la opción. Una opción de venta se encuentra "dentro del dinero" si el precio de ejercicio está por sobre el precio de mercado. Para una opción de compra "fuera del dinero", el precio de ejercicio es más alto que el precio de mercado. Para una opción de venta "fuera del dinero", el precio de ejercicio es más bajo que el precio de mercado. Las opciones de compra y venta "en el dinero" tienen precios de mercado aproximadamente iguales a sus precios de ejercicio.

La **volatilidad** es una medida de incertidumbre sobre los futuros precios. Existen 3 tipos de volatilidad. La volatilidad histórica es la medida de los movimientos del precio dentro de un periodo específico. La volatilidad prevista es una estimación acerca de los futuros cambios en el precio. La volatilidad implícita es la estimación de la volatilidad utilizando un modelo teórico de precios. Los principales modelos de precios son el modelo Black-Scholes y el modelo Binomial. El modelo Black-Scholes se aplica mejor a opciones sobre acciones de estilo europeo, mientras que el modelo Binomial se aplica mejor a opciones de estilo estadounidense.

LAS GRIEGAS

El término griegas se refiere a las letras del alfabeto griego. La primera letra, **delta**, es una medida de la tasa de cambio en el precio de una opción con respecto al cambio en el activo subyacente. **Gamma** es la tasa de cambio de delta con respecto al cambio en el precio del contrato subyacente. **Theta** es la tasa de cambio en el valor de una opción para cada día que pasa. **Vega** es una medida de la sensibilidad al cambio en volatilidad de una opción. **Rho** es la tasa de cambio con respecto a los cambios en las tasas de interés.

CARACTERÍSTICAS DE LAS OPCIONES SOBRE FUTUROS

Las opciones sobre futuros, a diferencia de las opciones sobre acciones, son opciones sobre un contrato de futuros subyacente. Si un comerciante ejerciera su opción de compra sobre su contrato de futuros, adoptaría una posición larga sobre 1 contrato de futuros. Si un comerciante ejerciera una opción de compra sobre sus acciones, adoptaría una posición larga sobre sus acciones. Las opciones sobre futuros son un instrumento derivado basado en otro instrumento derivado. No se consideran las tasas de interés en las opciones sobre futuros ya que el contrato de futuros cubre las tasas de interés. El mes de vencimiento de la opción sobre el contrato de futuros no necesariamente corresponderá a la fecha de vencimiento del contrato de futuros.

GRÁFICO DEL VENCIMIENTO DE LA OPCIÓN

Las siguientes páginas contienen una gran estrategia sobre opciones. Se presentan las ganancias y pérdidas para la posición a la fecha de vencimiento. Las opciones de **estilo europeo** solo pueden ser ejercidas en su fecha de vencimiento, mientras que las opciones de **estilo estadounidense** pueden ser ejercidas en cualquier momento. La mayoría de las opciones comercializadas en los Estados Unidos son de estilo estadounidense. La línea vertical representa las ganancias y pérdidas potenciales. La línea horizontal representa el precio del instrumento subyacente.

Nuestra recomendación es: antes de llevar a cabo una transacción, conozca las ganancias y pérdidas potenciales y el efecto del tiempo sobre la posición.

Mientras que estos gráficos representan las ganancias y las pérdidas en la fecha de vencimiento, las ganancias y pérdidas para las opciones de estilo estadounidense cambian constantemente .•

PREGUNTAS DE EJERCICIO:

1. Usted adquiere una opción de compra de Septiembre con un precio de ejercicio de 100 el 1.º de junio por USD 400. El activo subyacente está siendo comercializado a 95.

    a) ¿Se encuentra esta opción dentro del dinero, en el dinero, o fuera del dinero?

    b) ¿Cuál es el valor intrínseco de la opción?

    c) ¿Cuál es el valor temporal?

    d) Al día siguiente, su activo subyacente no ha cambiado. ¿Espera que su opción valga más o menos?

2. El 1.º de marzo, usted adquirió el contrato S&P 500 de junio y desea asegurar la baja: a) ¿Compraría una opción de compra o de venta?

    b) Si vende una opción de compra contra su contrato, ¿está usted cubierto o no cubierto?

    c) Si adquiere una opción de venta y adopta una posición larga sobre el contrato, ¿deberá usted establecer un mayor margen con su corredor en caso de que desciendan los valores del contrato?

3. El delta de un contrato largo es siempre igual a _____

4. El valor temporal se conoce como _____

    El valor temporal es un activo revalorizado. (Verdadero/Falso)

    Gamma representa cuán rápido cambiará la opción cuando cambie el activo subyacente. (Verdadero/Falso)

5. El delta de la siguiente posición es:

    Largo sobre 1 contrato S&P 500 _____

    Largo sobre 2 contratos S&P 500 _____

6. Un amigo suyo amigo le dice que puede comprar su automóvil por USD 5000 en cualquier momento dentro de los siguientes diez días. Usted tiene:

    a) un contrato para comprar el automóvil b) una opción para comprar el automóvil c) el derecho a vender el automóvil d) la obligación de comprar el automóvil e) ninguna de las anteriores

7. En el día de vencimiento, usted tiene una opción de compra de D-Mark dentro del dinero. Una semana después, usted llama a un corredor para controlar el contrato de futuros. Él le dice:

    a) No tiene nada; ¿por qué no llamo?

    b) Su llamada se convirtió automáticamente al contrato subyacente.

8. Una opción de compra diferencial alcista es:

    a) larga sobre una opción de compra, corta sobre una opción de compra con un precio de ejercicio más alto.

    b) larga sobre una opción de venta, larga sobre una opción de venta con un precio de ejercicio más alto.

    c)   corta sobre una opción de venta, larga sobre una opción de venta con un precio de ejercicio más alto.

    ci)

9. Una opción de venta diferencial pesimista es:

    a) larga sobre una opción de compra, larga sobre una opción de venta con el mismo precio de ejerciciob) larga sobre una opción de venta, corta sobre una opción de venta con un precio de ejercicio más bajo

    c)   corta sobre una opción de venta, larga sobre una opción de compra con un precio de ejercicio más alto, corta sobre el activo subyacente

10. Un *strangle* corto es:

    a) largo sobre una opción de compra y venta con el mismo precio de ejercicio y fecha de vencimiento b) corto sobre una opción de compra y corto sobre una opción de venta con el mismo precio de ejercicio y fecha de vencimiento c) largo sobre una opción de compra, corto sobre una opción de venta con el mismo precio de ejercicio y fecha de vencimiento

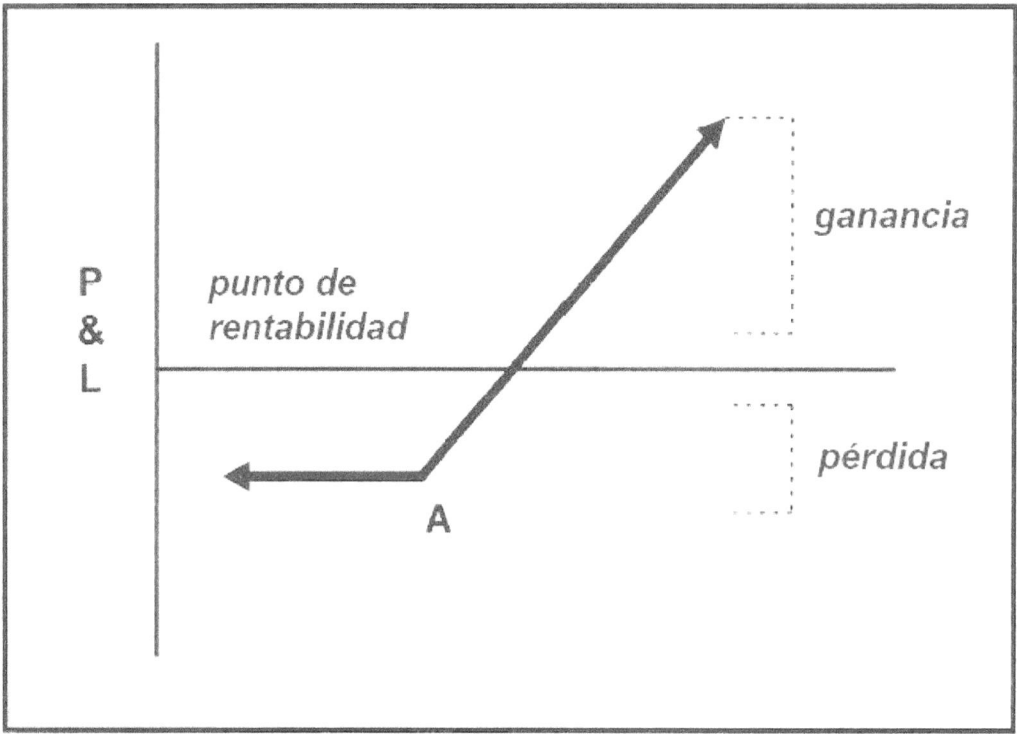

Esta posición se utiliza cuando un comerciante es muy alcista. A medida que sube el mercado, también lo hacen sus ganancias. Su pérdida está limitada a la prima de su opción.

OPCIÓN DE COMPRA EN POSICIÓN CORTA AL VENCIMIENTO

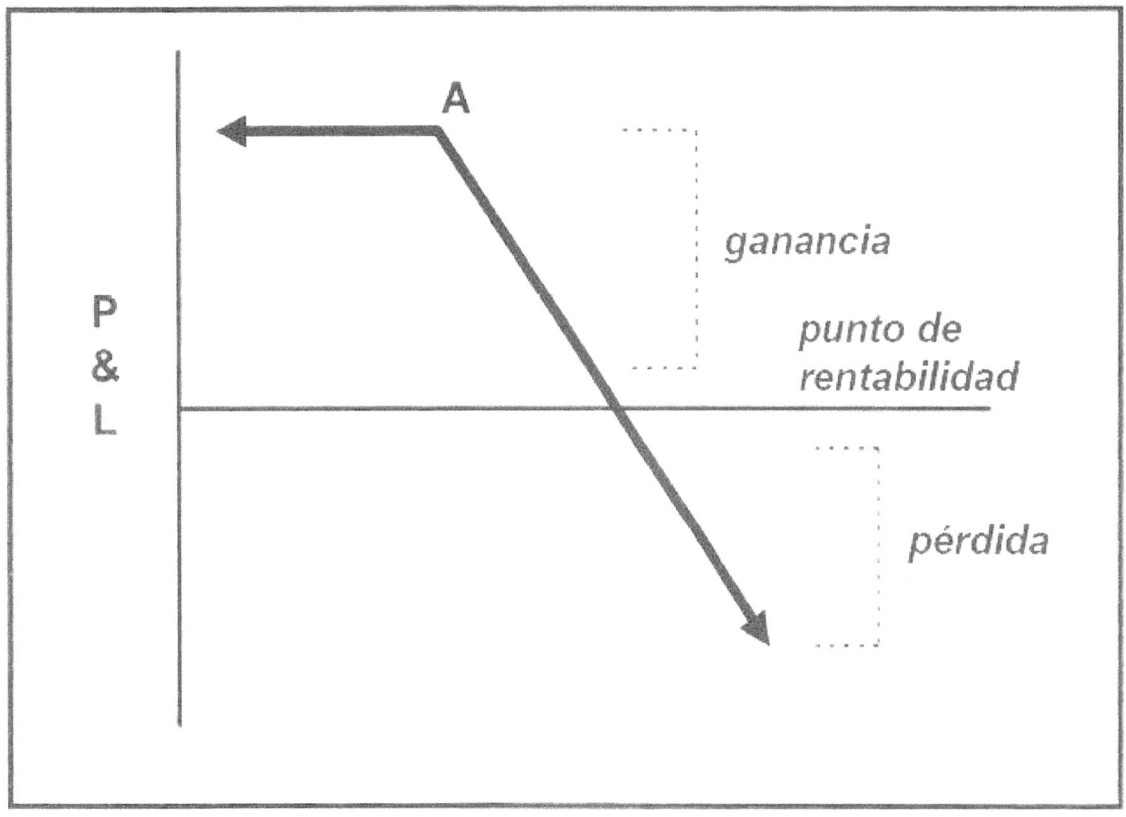

Esta es una estrategia entre neutral y pesimista. La ganancia está limitada la prima recibida. El punto de rentabilidad es el precio de ejercicio + la prima recibida.

El riesgo es que si el mercado sube, el vendedor de la opción enfrenta un potencial riesgo ilimitado.

El tiempo es un activo. A medida que el tiempo se aproxima al vencimiento, la ganancia potencial se aproxima a la prima pagada.

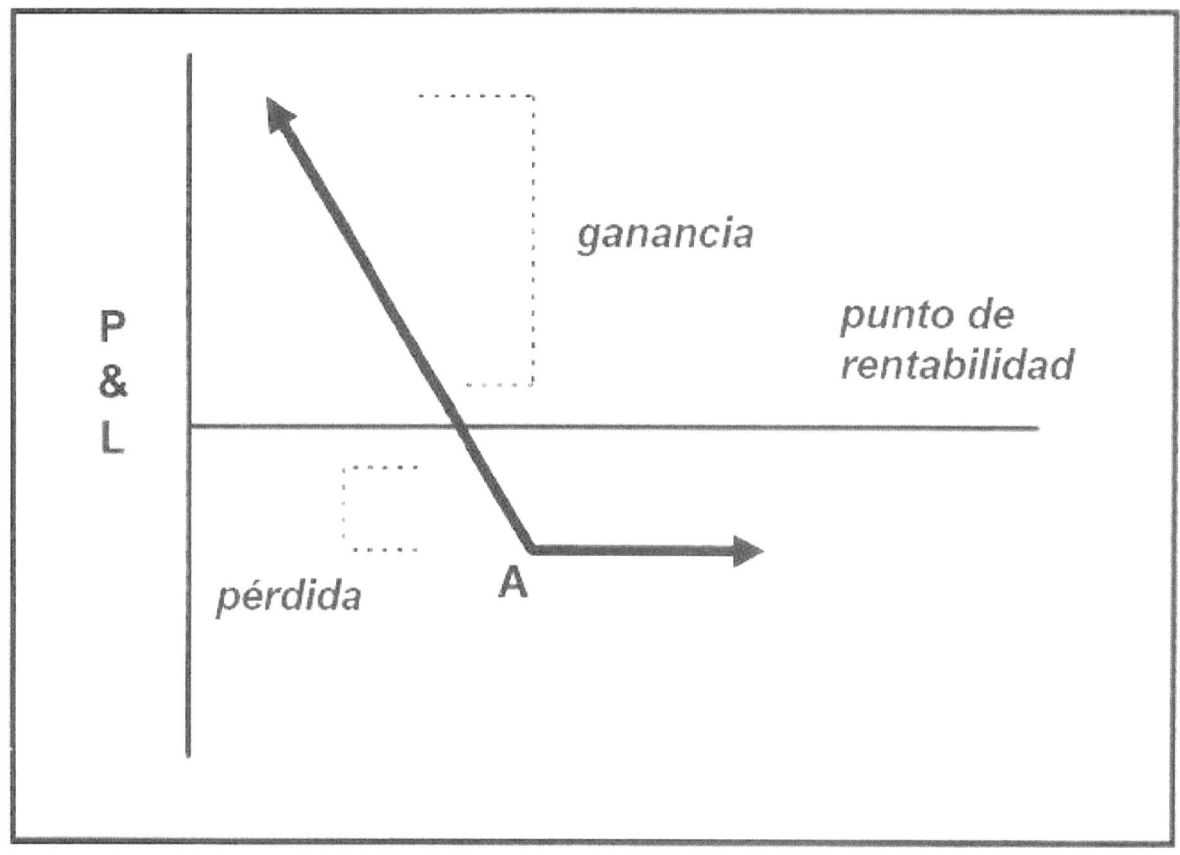

La posición opuesta a posición larga sobre la opción de compra. Esta es una estrategia pesimista. A medida que el mercado cae, su ganancia potencial aumenta. Al vencimiento, el punto de rentabilidad es el precio de ejercicio - el precio pagado por la opción. La pérdida está limitada a la suma pagada por la opción. El tiempo es un activo agotable.

OPCIÓN DE VENTA EN POSICIÓN CORTA AL VENCIMIENTO

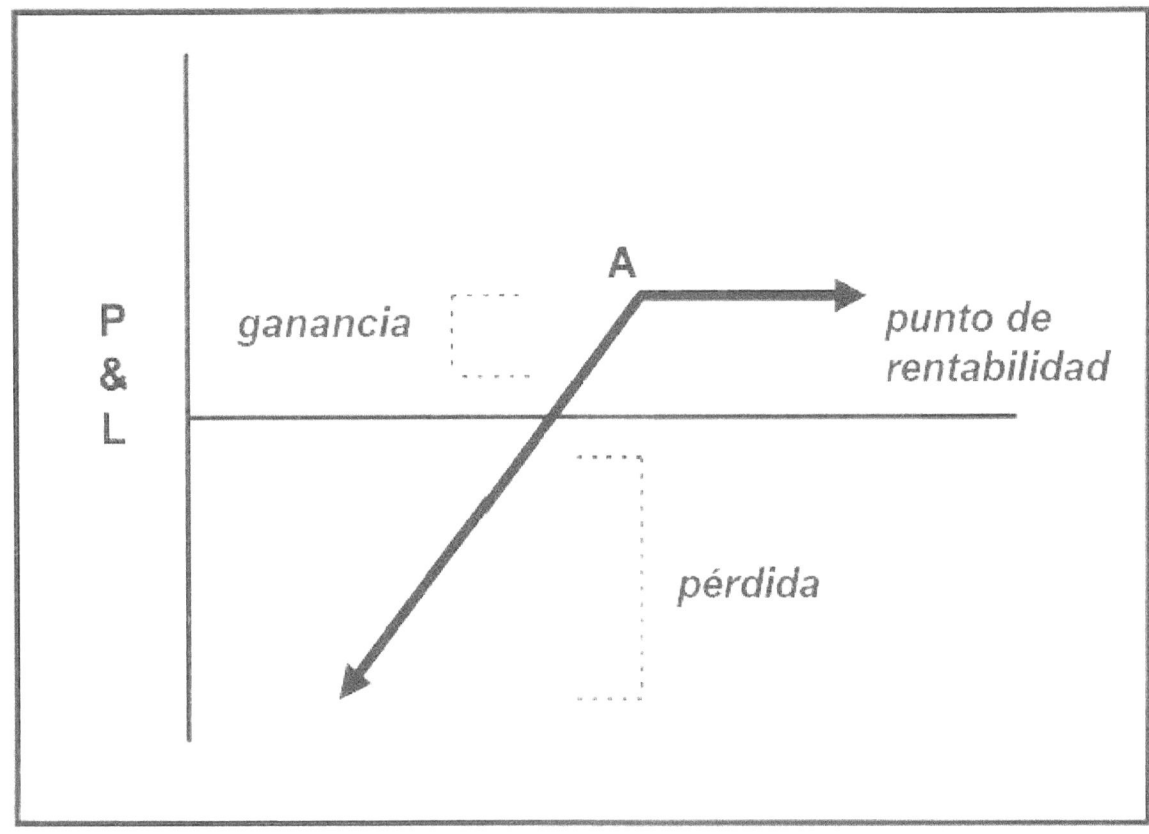

Esta es una estrategia entre neutral y alcista. La ganancia está limitada al precio recibido por la venta. El punto de rentabilidad es el precio de ejercicio - la prima recibida. El tiempo es un activo creciente.

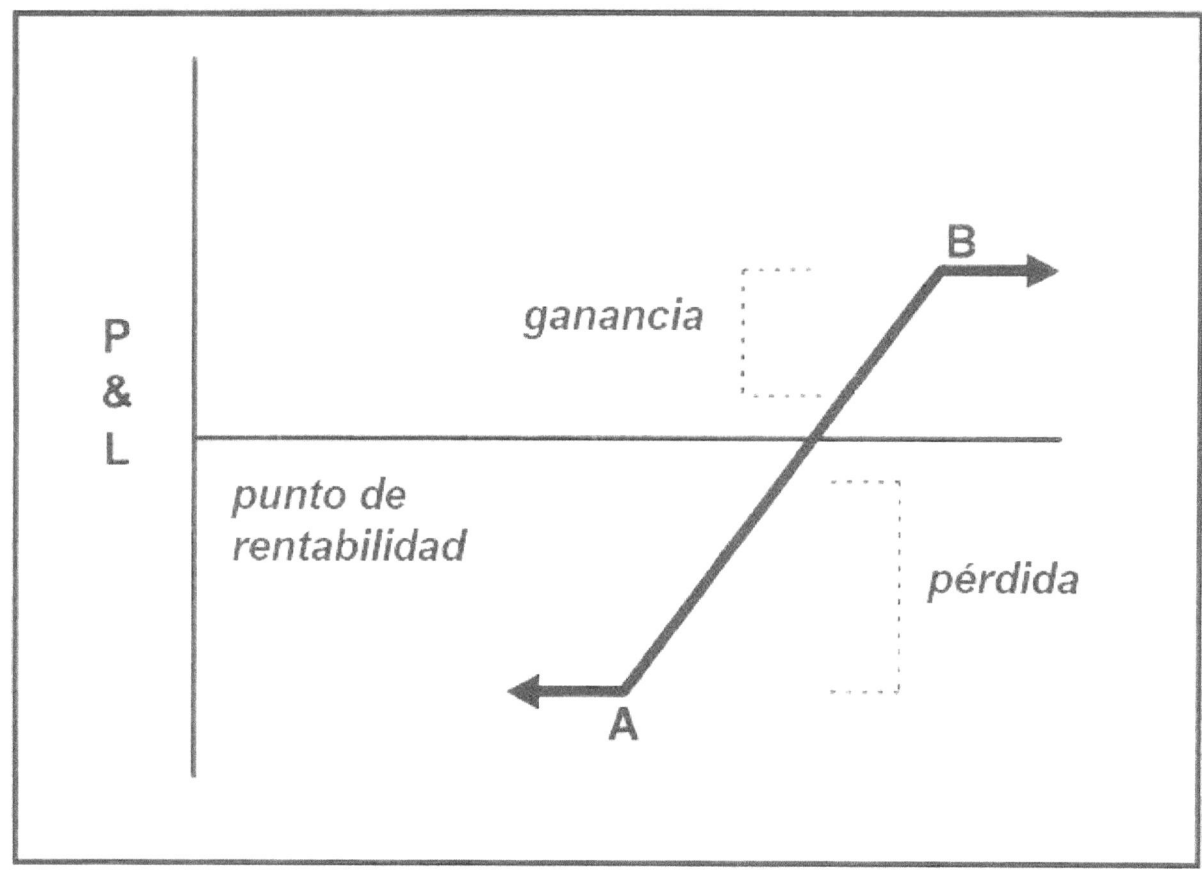

Esta es una estrategia alcista con potencial limitado al alza. Cualquier estrategia en la que uno obtenga una ganancia si el mercado sube es considerada una estrategia alcista. La estrategia puede ser implementada con opciones de compra, opciones de venta y/o con el instrumento subyacente. La implementación más común es adoptar una posición larga sobre una opción de compra a un precio de ejercicio menor, y una posición corta sobre una opción de compra a un precio de ejercicio más alto. En este caso, la ganancia potencial es la diferencia entre los precios de ejercicio sumado a la prima pagada. El efecto del tiempo depende de cuán lejos se encuentre el mercado de los precios de ejercicio. Al precio de ejecución en el cual su posición sea larga, el tiempo es un activo "erosivo". Al precio de ejecución en el cual su posición sea corta, el tiempo es un activo "creciente". El valor del tiempo fluctúa con el mercado.

Ejemplos de operaciones:
Largo sobre una opción de compra en A, corto sobre una opción de compra en B
Largo sobre una opción de venta en A, corto sobre una opción de venta en B

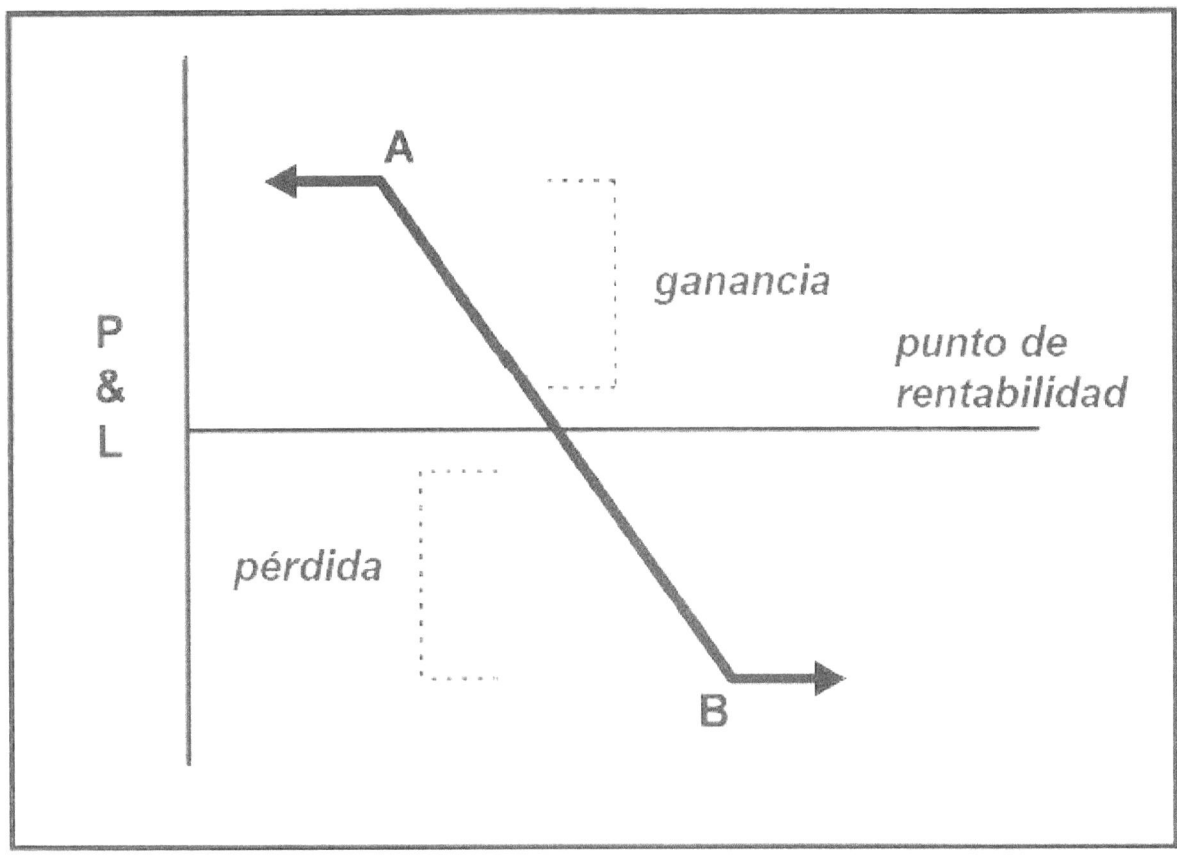

Esta es una estrategia que resulta lucrativa si el mercado cae. Tiene un potencial de ganancia limitado. La forma más común de implementar el margen es utilizar opciones de venta con una posición larga con un precio de ejercicio más alto, y una posición corta con un precio de ejercicio más bajo. Así como en el margen alcista, se pueden utilizar opciones de compra, opciones de venta, o el activo subyacente. Así como en el margen alcista, el valor del tiempo fluctúa dependiendo de dónde esté situado el mercado en relación con los precios de ejercicio.

Ejemplos de operaciones:

Corto sobre una opción de venta en A, largo sobre una opción de venta en B
Corto sobre una opción de compra en A, largo sobre una opción de compra en B

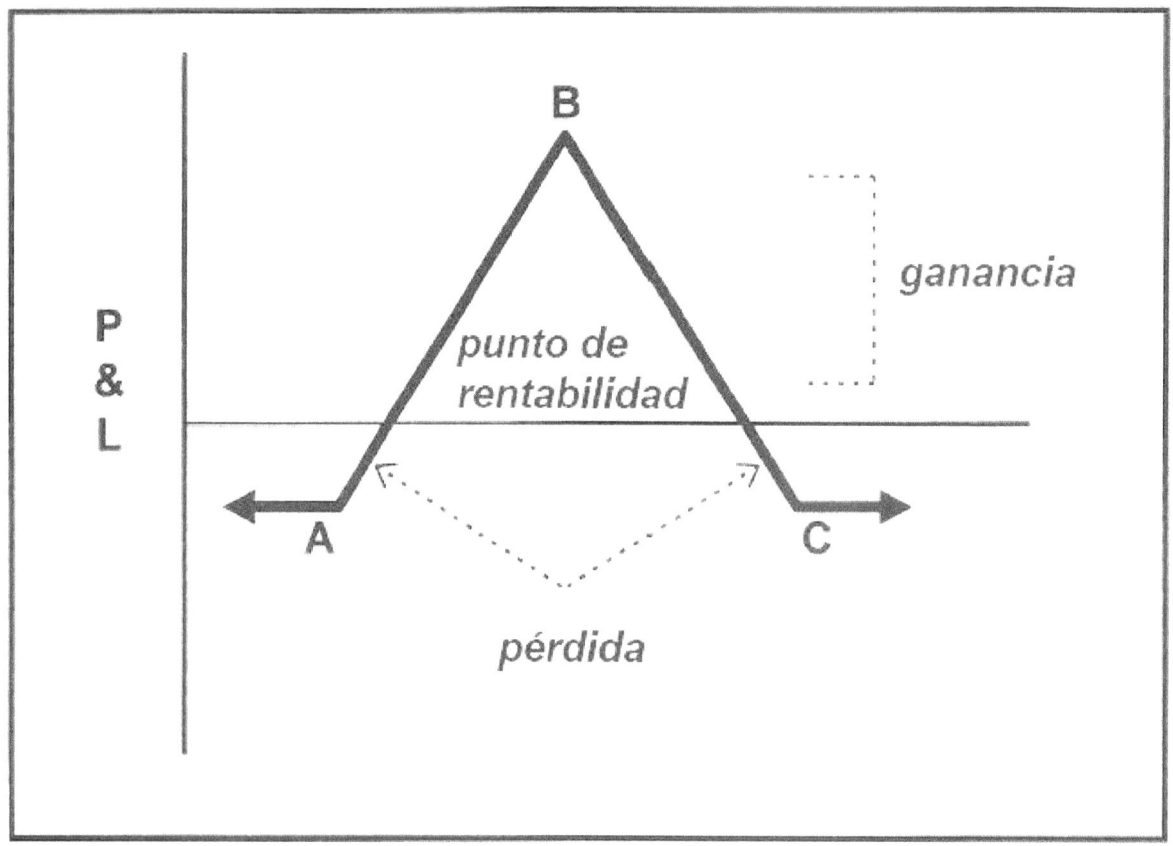

Esta estrategia es una operación diferencial de 3 opciones a igual distancia. Todas las opciones son de compra o de venta. En esta estrategia, el comerciante se encuentra en una posición larga en A y C, y corta en B. La proporción es siempre 1 por 2 por 1. Al vencimiento, el valor se encuentra entre 0 y los precios de ejercicio. La pérdida está limitada al costo del margen. El deterioro del tiempo no es un factor significativo hasta el último mes. Esta estrategia es considerada *altamente* conservativa.

Ejemplos de operaciones:

Largo sobre una opción de compra en A, corto sobre dos opciones de compra en B, largo sobre una opción de compra en C

Largo sobre una opción de venta en A, corto sobre dos opciones de venta en B, largo sobre una opción de venta en C

(Esta distancia entre A y C debe ser igual a la distancia entre A y B).

BUTTERFLY EN POSICIÓN CORTA AL VENCIMIENTO

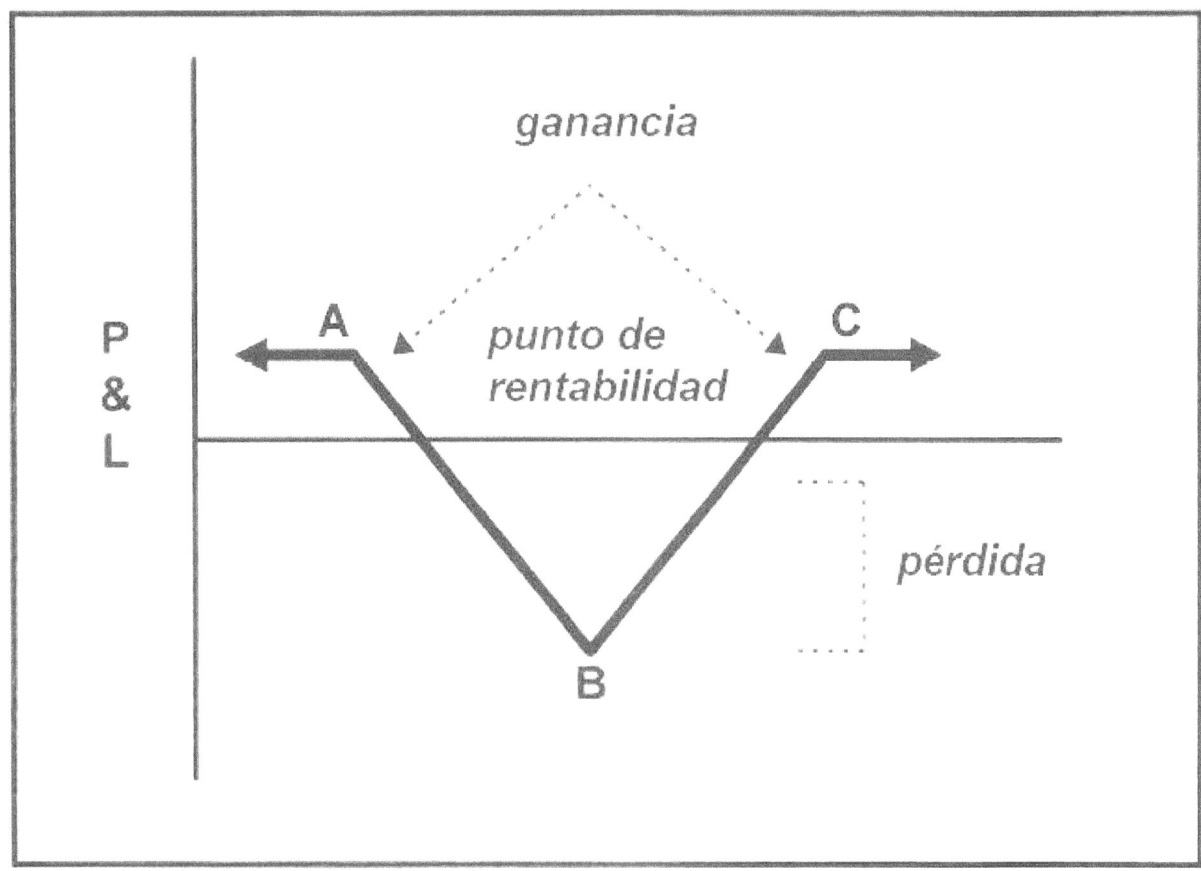

Esta operación es lo opuesto a la estrategia *butterfly* con posición larga. **En** esta estrategia, el comerciante está corto en A y en C y largo en B. La ganancia y la pérdida para la estrategia *butterfly* con posición corta son las mismas que para la estrategia *butterfly* con posición larga.

Ejemplos de operaciones:
Corto sobre una opción de compra en A, largo sobre dos opciones de compra en B, corto sobre una opción de compra en C
Corto sobre una opción de venta en A, largo sobre dos opciones de venta en B, corto sobre una opción de venta en C

(Esta distancia entre A y C debe ser igual a la distancia entre A y B).

OPCIÓN MIXTA EN POSICIÓN LARGA AL VENCIMIENTO

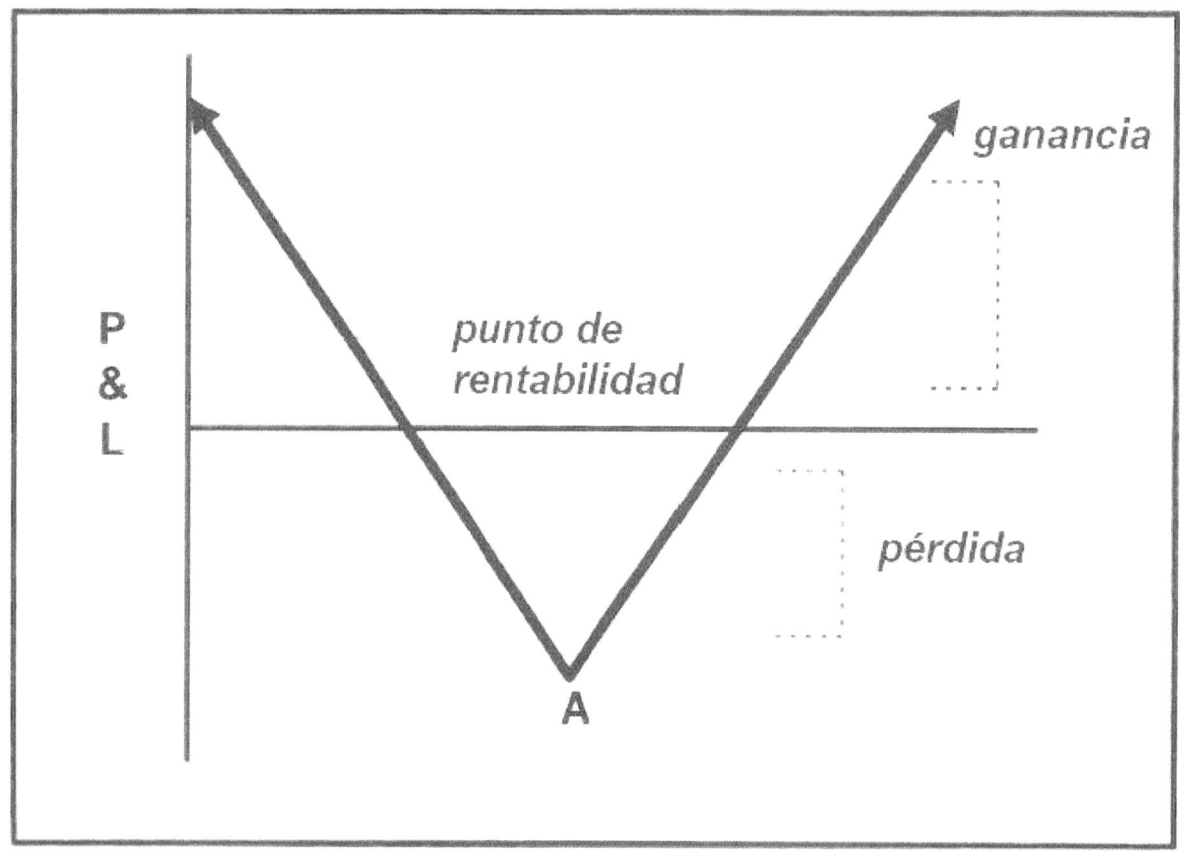

Una opción mixta en posición larga es estar largo sobre una opción de compra y largo sobre una posición de venta, todo al mismo precio de ejercicio, y la misma fecha de vencimiento. Un comerciante está largo sobre una opción mixta si está largo sobre una opción de compra y una opción de venta. La potencial pérdida es ilimitada, mientras que el riesgo está limitado al premio pagado por las opciones de compra y las opciones de venta.

Esta operación debería iniciarse con delta neutral.

Ejemplos de operaciones:
    Largo sobre una opción de compra en A, largo sobre una opción de venta en A

OPCIÓN MIXTA EN POSICION CORTA AL VENCIMIENTO

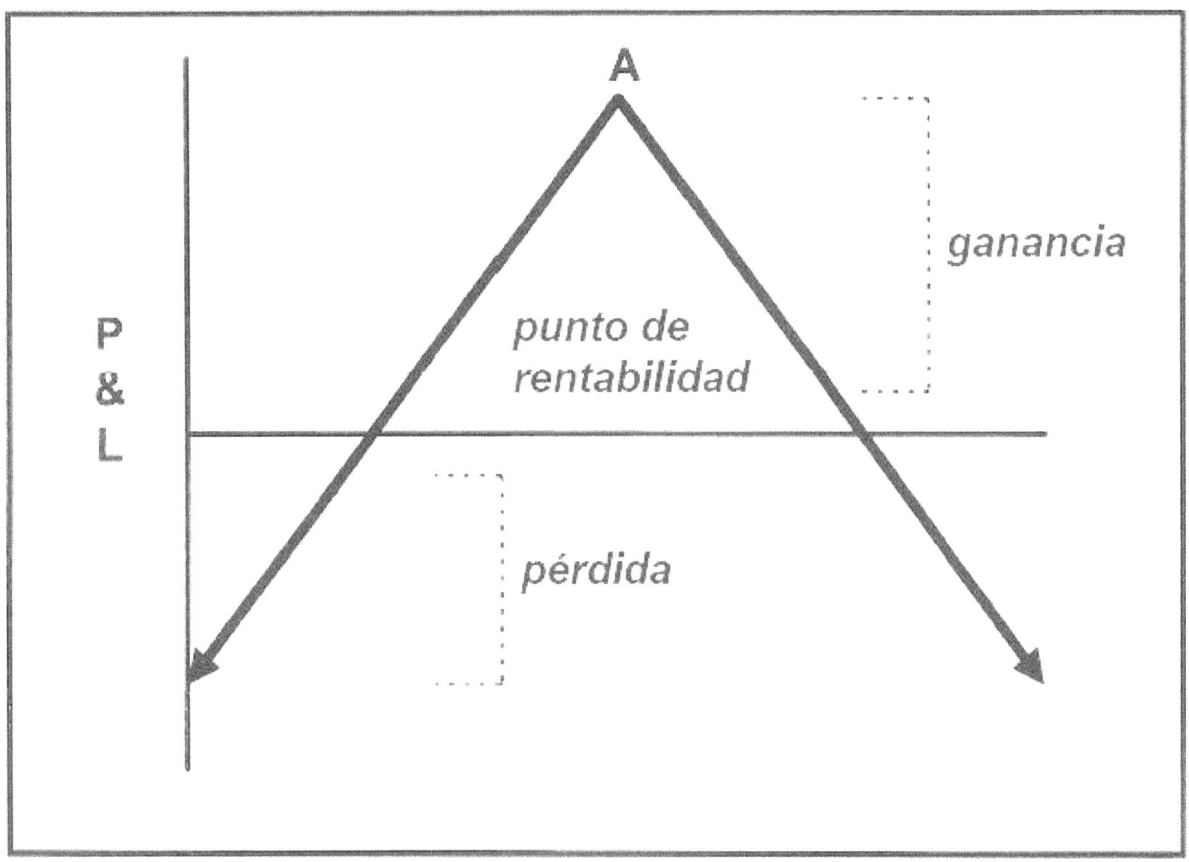

Una opción mixta en posición corta es estar corto sobre una opción de compra y corto sobre una posición de venta, todo al mismo precio de ejercicio y la misma fecha de vencimiento. Un comerciante está corto sobre una opción mixta, si está corto sobre una opción de compra y una opción de venta. La ganancia está limitada a la prima recibida por las opciones de compra y las opciones de venta. La pérdida potencial es ilimitada. El tiempo es un activo revalorizado.

Esta operación debería iniciarse con delta neutral.

Ejemplos de operaciones:
Corto sobre una opción de compra en A, corto sobre una opción de venta en A

STRANGLE LARGO AL VENCIMIENTO

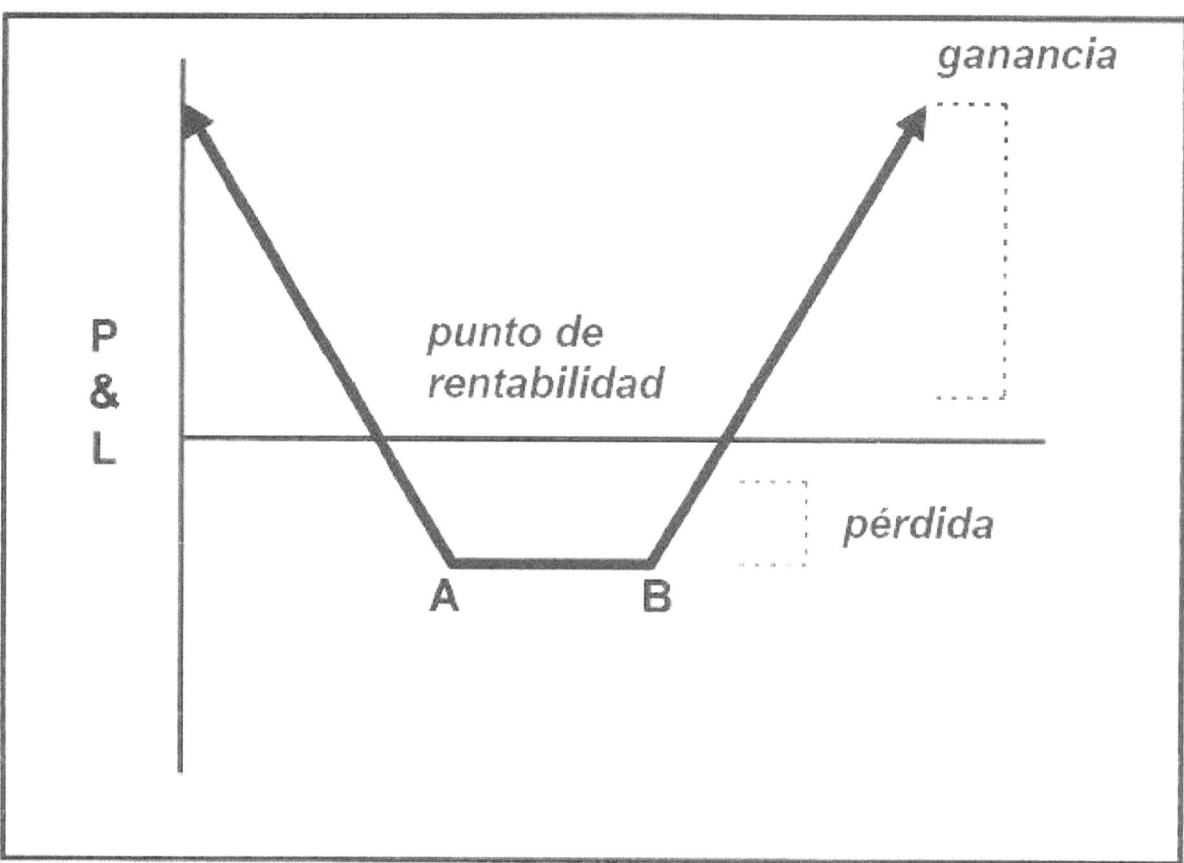

Esta estrategia se utiliza cuando el mercado ha estado relativamente tranquilo durante un periodo extendido. Un comerciante utilizaría esta estrategia para sacar provecho de cualquier movimiento brusco pendiente del mercado.

La pérdida potencial está limitada a la suma pagada por las opciones de compra y venta. No mantendría este tipo de posición hasta que expire. El tiempo es un activo agotable y erosiona rápidamente al titular de esta posición.

Alguna de las opciones deben revalorizarse lo suficiente como para recuperar la suma pagada, con el fin de iniciar la posición.

Esta operación debería iniciarse en delta neutral.

Ejemplos de operaciones:

Largo sobre una opción de venta en A, largo sobre una opción de compra en B
Largo sobre una opción de compra en A, largo sobre una opción de venta en B

STRANGLE CORTO AL VENCIMIENTO

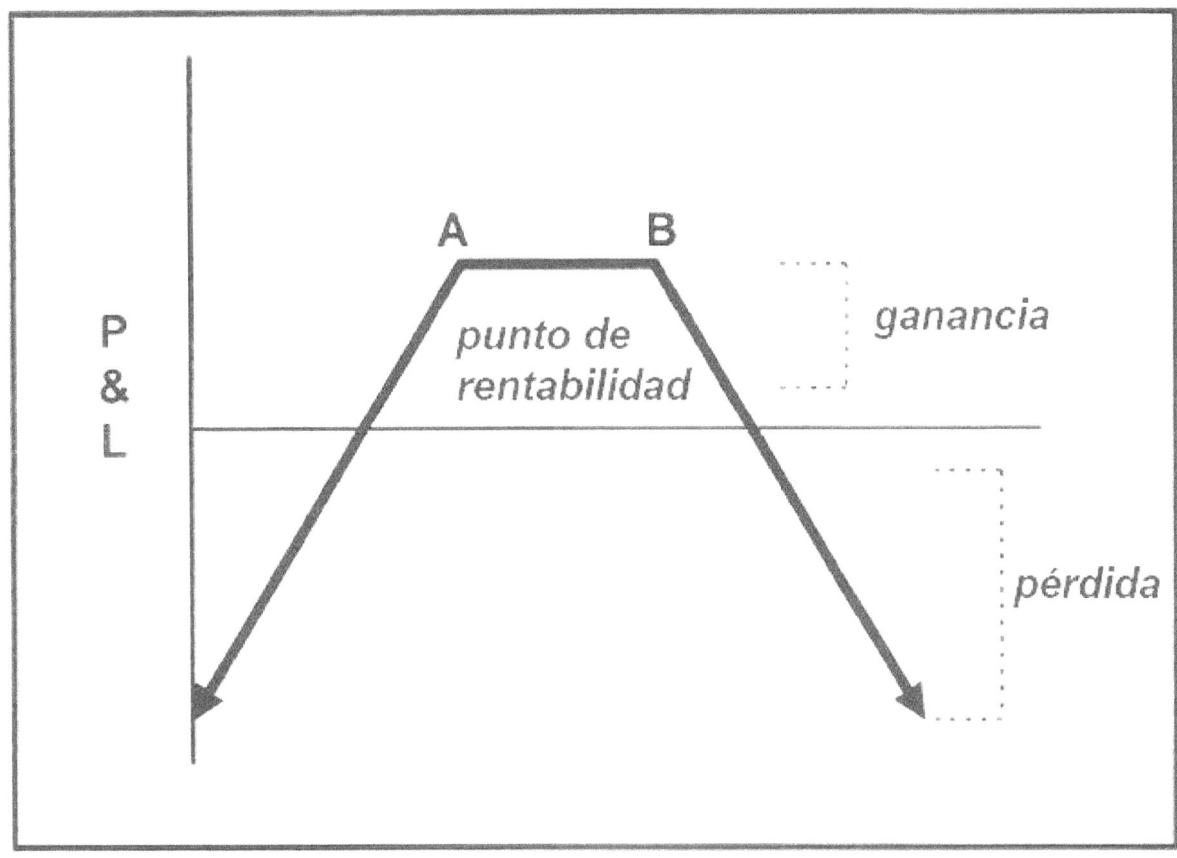

Esta estrategia se utiliza cuando el mercado ha estado relativamente tranquilo durante un periodo extendido. Un comerciante utilizaría esta estrategia basándose en el supuesto de que el mercado se mantendrá igual o más tranquilo.

La pérdida potencial es ilimitada mientras que la ganancia potencial se encuentra limitada al premio recibido al inicio de   la posición.

No mantendría este tipo de posición hasta que expire. El tiempo es un activo revalorizado.

Aunque esta estrategia resultará lucrativa la mayoría de las veces, si no se administra correctamente podría arruinar a un comerciante durante los periodos de volatilidad inesperada.

Esta operación debería iniciarse en delta neutral.

Ejemplos de operaciones:
Corto sobre una opción de venta en A, corto sobre una opción de compra en B
Corto sobre una opción de compra en A, corto sobre una opción de venta en B

PROPORCIÓN DE OPCIÓN DE COMPRA DIFERENCIAL AL VENCIMIENTO

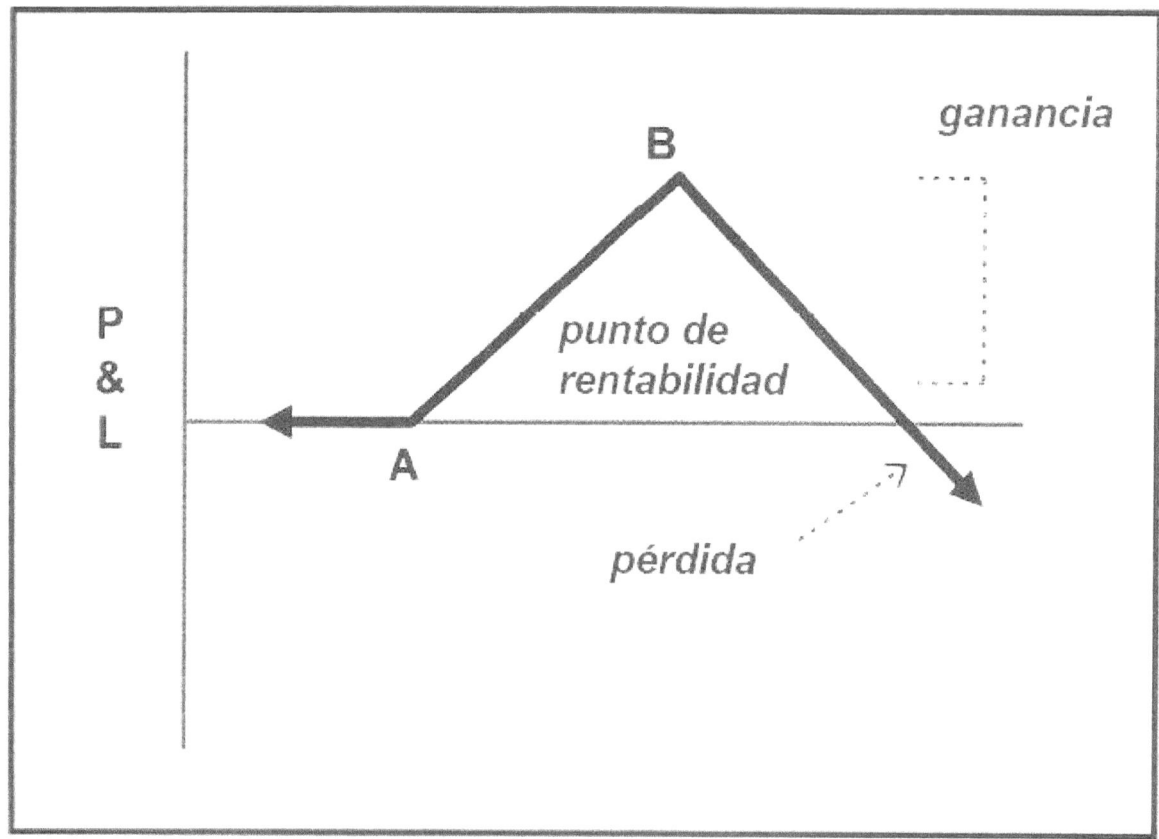

Este margen se utiliza cuando el mercado se encuentra en A y el comerciante espera una liquidación. El riesgo de esta operación está en que el mercado podría repuntar y exponer al comerciante al riesgo de una posición en corto.

El deterioro del tiempo es un activo revalorizado, ya que el comerciante tiene más posiciones cortas que posiciones largas.

Esta operación debería iniciarse en delta neutral.

Ejemplos de operaciones:
    Largo sobre una opción de compra en A, corto sobre las opciones de compra en B

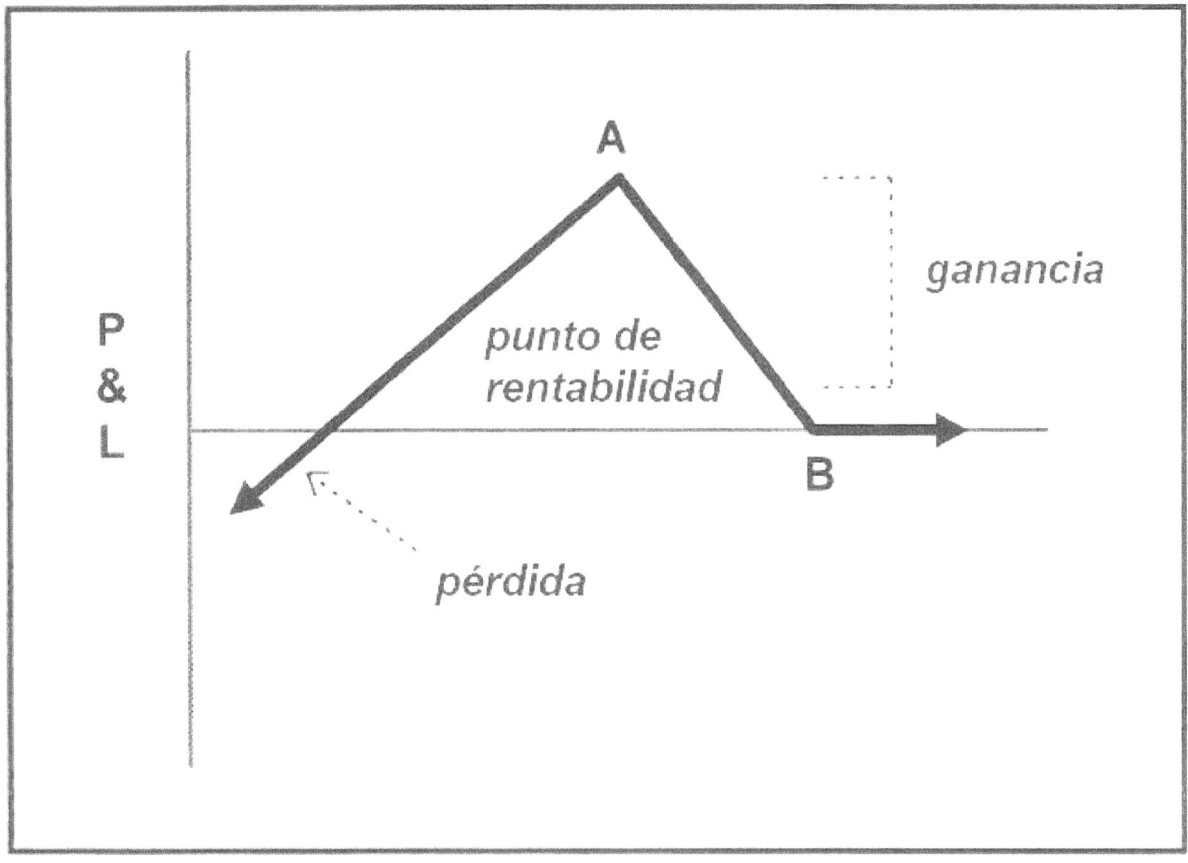

Este margen se utiliza cuando el mercado se encuentra en B y el comerciante espera una alza en el mercado. El riesgo de esta operación reside en que el mercado podría caer y exponer al comerciante al riesgo de una posición en corto.

El deterioro del tiempo es un activo revalorizado, ya que el comerciante tiene más posiciones cortas que posiciones largas.

Esta operación debería iniciarse en delta neutral.

Ejemplos de operaciones:
Largo sobre una opción de venta en B, corto sobre las opciones de venta en A

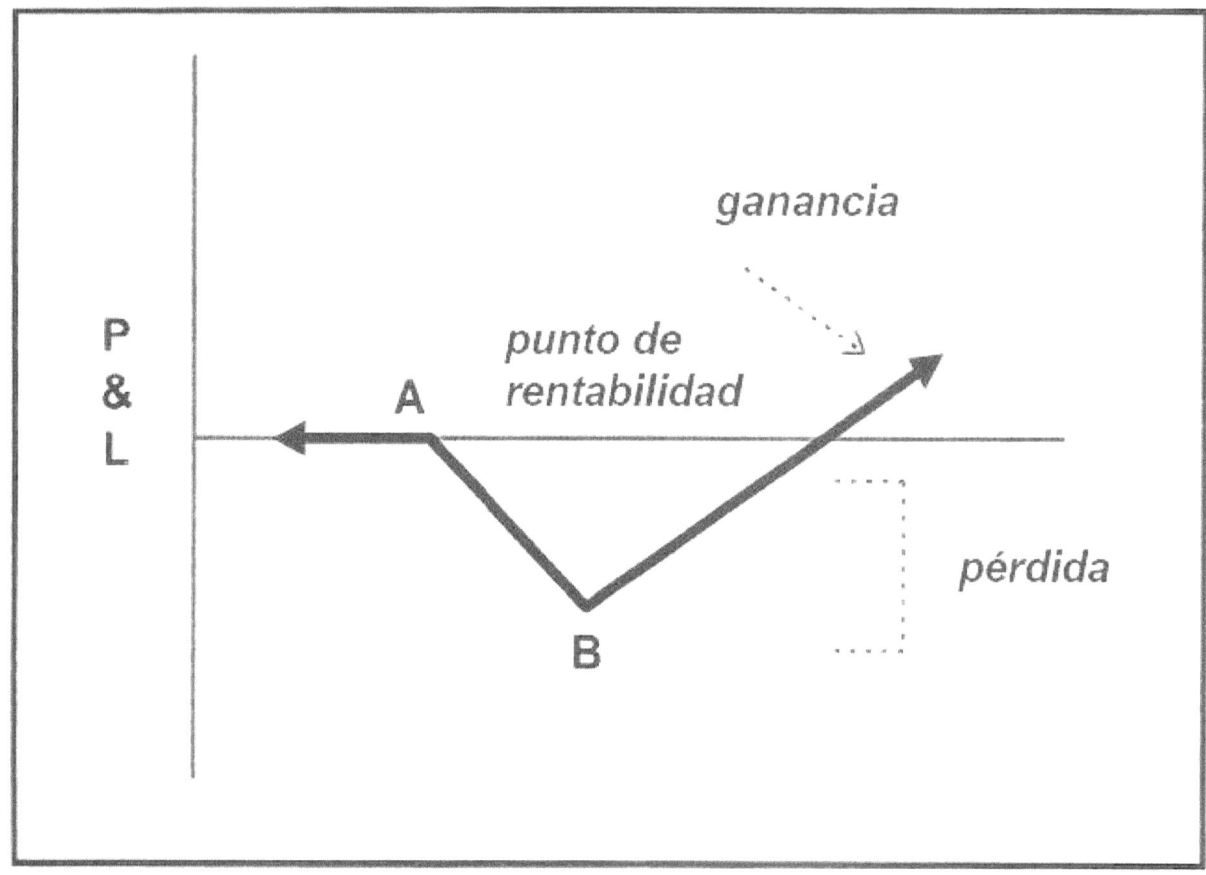

Esta operación se utiliza cuando el mercado se encuentra cerca de B y el comerciante cree que el mercado crecerá.

El potencial de ganancia es ilimitado y el riesgo se encuentra limitado a la diferencia entre B y A y el crédito inicial.

Se considera que esta posición es menos riesgosa ya que el comerciante se encuentra en una posición larga neta durante toda la posición.

Esta operación debería iniciarse en delta neutral.

Ejemplos de operaciones:
Corto sobre una opción de compra en A, largo sobre las opciones de compra en B

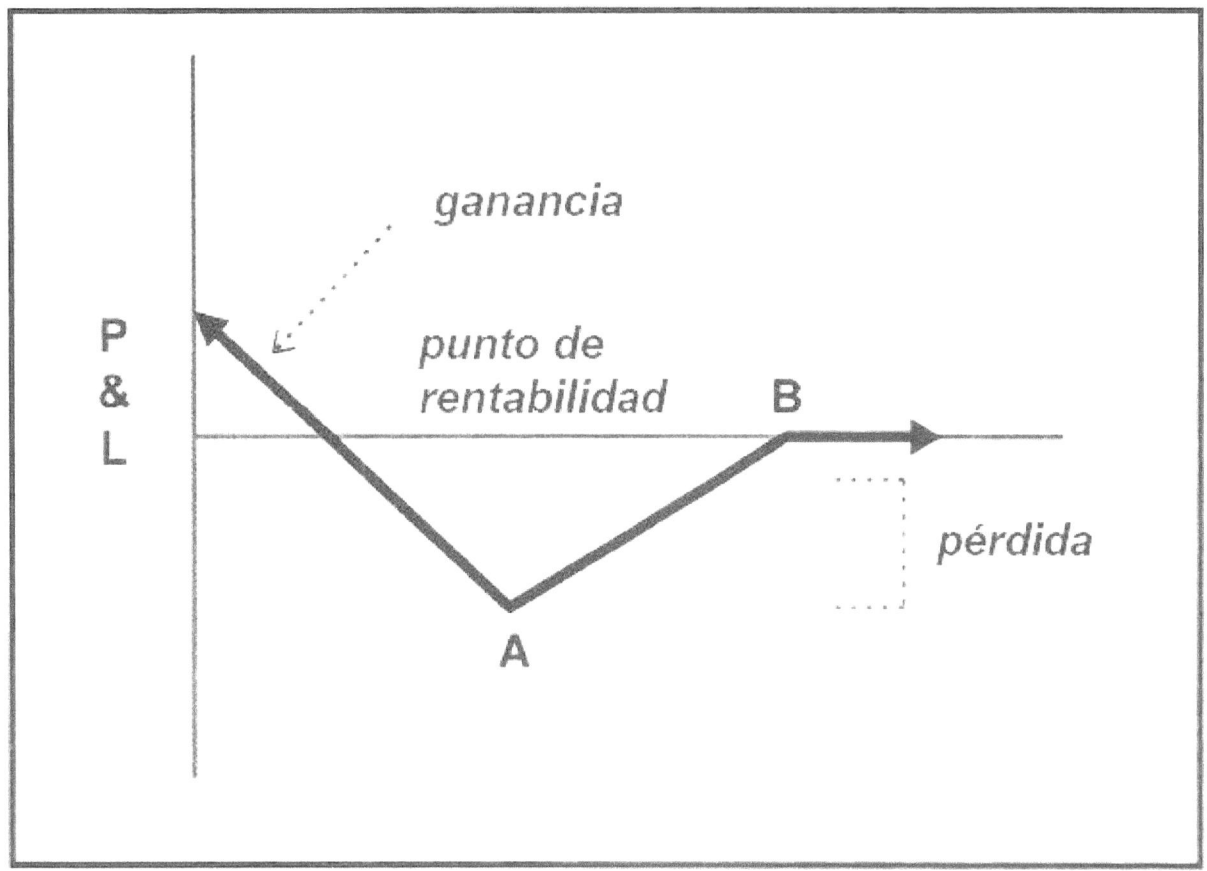

Esta operación se utiliza cuando el mercado está cerca de A y el comerciante cree que el mercado caerá.

El potencial de ganancia es ilimitado para la baja y el riesgo se encuentra limitado a la diferencia entre B y A y el crédito inicial.

Se considera que esta posición es menos riesgosa ya que el comerciante se encuentra en una posición larga neta durante toda la posición.

Esta operación debería iniciarse en delta neutral.

Ejemplos de operaciones:
Corto sobre una opción de venta en B, largo sobre las opciones de venta en A

6 INTRODUCCIÓN A ANÁLISIS TÉCNICO

El análisis técnico estudia los movimientos de los precios, en vez del efecto de la oferta y la demanda. Para un analista técnico, todo lo que necesita saber acerca del mercado se encuentra en el movimiento de los precios. No importa cómo ni por qué los precios se encuentran en sus niveles actuales, solo importa que hayan alcanzado esos niveles. Un analista técnico no puede analizar los millones de factores que afectan al mercado. El análisis técnico se enfoca en 3 factores: Precio, volumen e interés abierto.

La información sobre los precios es el componente más importante en el análisis técnico. Nuestro debate sobre los precios abarcará medias móviles, osciladores, procesos estocásticos, y números de Fibonacci.

MEDIAS MÓVILES

Las medias móviles se utilizan para detectar cambios en las tendencias. La media móvil es el promedio de una serie de precios consecutivos, que se va recalculando a medida que estén a disposición nuevos precios. Por ejemplo, para calcular una media móvil de 5 días, necesitaríamos los precios de esos últimos 5 días. Al día siguiente, tomaríamos la media de los 5 días anteriores. Consideremos un ejemplo simple. Supongamos que los precios para los últimos 5 días fueron 1,2,3,4,y 5. La media móvil de 5 días sería 3. 1+2+3+4+5, dividido 5. Supongamos que la cotización de cierre de mañana es 6. Nuestra media móvil de 5 días se calcula tomando 2 + 3 + 4 + 5 + 6, dividido por 5. Nuestra media móvil de 5 días sería 4. Las medias móviles aumentan a medida que aumenta la tendencia, y disminuyen a medida que disminuyen las tendencias. Las medias móviles pueden ser utilizadas para señalar decisiones de compra o venta. Por ejemplo, un comerciante podría querer comprar si su media móvil de 5 días cruza su media móvil de 10 días. Contrariamente, un comerciante podría querer vender si su media móvil de 10 días cruza su media móvil de 5 días.

OSCILADORES

Los osciladores se utilizan en mercados sin tendencia. Se utilizan para indicar condiciones de sobrecompra y sobreventa. Los osciladores intentan medir el impulso del mercado. Mientras más rápido cambien los precios, más grande será el impulso. Sin embargo, no siempre podemos definir qué es un oscilador de alto valor y qué es un oscilador de bajo valor. El índice de fuerza relativa, o RSI, por sus siglas en inglés, provee pautas para los momentos en que los mercados están sobrevendidos o sobrecomprados. Los valores por sobre 70 son considerados potenciales máximos, y los valores por debajo de 30 son considerados potenciales mínimos.

PROCESO ESTOCÁSTICO

El proceso estocástico es un tipo de oscilador. La observación detrás de los procesos estocásticos es que, a medida que los precios aumentan, las cotizaciones de cierre tienden a estar en la parte más alta de la banda de precios y, a medida que los precios disminuyen, estas tienden a estar en la parte más baja de la banda de precios. Existen 2 líneas importantes en los procesos estocásticos: %K y %0. %K brinda una perspectiva cuando los precios se encuentran en la parte más alta o más baja del rango. %0 es una versión suavizada de 3 días de %K. %0 y %K varían entre 0 y 100. De acuerdo con la teoría, el mejor momento para comprar es cuando el valor %0 se encuentra en el área 10-15 y el mejor momento para vender es cuando el valor se encuentra en el área 85-90.

NÚMEROS DE FIBONACCI

Los números de Fibonacci son elementos de la serie de números 1,1,2,3,5,8,13, ... Comenzando con el número 2, cualquier número es la suma de los 2 números anteriores. La proporción de cualquier número con el número anterior es 1,618. La proporción de cualquier número con el número posterior es 0,618. Los números de Fibonacci aparecen en la naturaleza. Parece ser una constante, así como Pi o los logaritmos naturales.
Ralph Elliott aplicó los números de Fibonacci al mercado de valores. Él creía que los precios de las acciones se movían en patrones de Fibonacci definitivos. Los investigadores posteriores a Elliott han aplicado su análisis al mercado de futuros.

VOLUMEN

El volumen puede ser un indicador de la dirección y fuerza de un mercado. El volumen es la cantidad de contratos comercializados durante un periodo específico. Se dice que el mercado es alcista cuando el volumen aumenta junto con un incremento de los precios. Si los precios descienden y el volumen aumenta, se dice que el mercado está pesimista. Nuestra recomendación es evitar complicaciones. Los precios suben cuando los compradores son más agresivos que los vendedores, y bajan cuando los vendedores son más agresivos que los compradores.

INTERÉS ABIERTO

El interés abierto es el número total de contratos pendientes al final del día de cotización. Se necesita un vendedor y un comprador para modificar el interés abierto. El dinero fluye hacia el mercado cuando el interés abierto aumenta. Los comerciantes ingresan al mercado y mantienen sus posiciones.

Si los precios aumentan, y tanto el volumen como el interés abierto se encuentran en aumento, se dice que el mercado es fuerte. En todas las demás situaciones, se dice que el mercado es débil (caída de precios y/o caída del interés abierto y del volumen).

OPINIÓN EN CONTRARIO

La teoría de la opinión contraria establece, básicamente, que no se debe seguir a la multitud. Cada vez que un experto en el mercado promociona un potencial movimiento del mercado, considere tomar la posición contraria.

Muchos servicios informan sobre la cantidad de asesores de inversiones, ya sean alcistas o pesimistas. La mayoría de los asesores alcistas pueden ser interpretados como sobrecomprados. Entonces, un comerciante buscaría vender. Un ejemplo sería el contrato S&P 500. Cuando el DOW alcanzó los 5000, los expertos en el mercado dijeron que el mercado permanecería tranquilo. En vez de ello, durante la semana siguiente, el DOW repuntó 177 puntos. El problema con la opinión es que todo el mundo tiene una. Solo el mercado demostrará estar definitivamente en lo cierto.

GRÁFICOS DE BARRAS

El método más común para graficar los precios de los productos es con un gráfico de barras. Observe el ejemplo 1. Como puede ver, el tiempo se encuentra en el eje horizontal, y el precio se encuentra en el eje vertical. Cada línea vertical representa 1 periodo. Este periodo puede ser diario, semanal, mensual, o intradía. El símbolo numeral en el lado izquierdo de la barra representa la cotización de apertura para un periodo específico. El símbolo numeral en el lado derecho de la barra vertical representa la cotización de cierre para un periodo específico. La distancia entre la parte superior y la parte inferior de la barra representa el rango de precios para dicho periodo, de arriba hacia abajo. La escala de precios del gráfico será determinada por el rango y la volatilidad de ese mercado en particular. Una vez que se realicen estos gráficos, podremos estudiar los patrones para ayudarnos a comerciar. También podemos utilizar elementos estadísticos con el fin de comprender los gráficos.

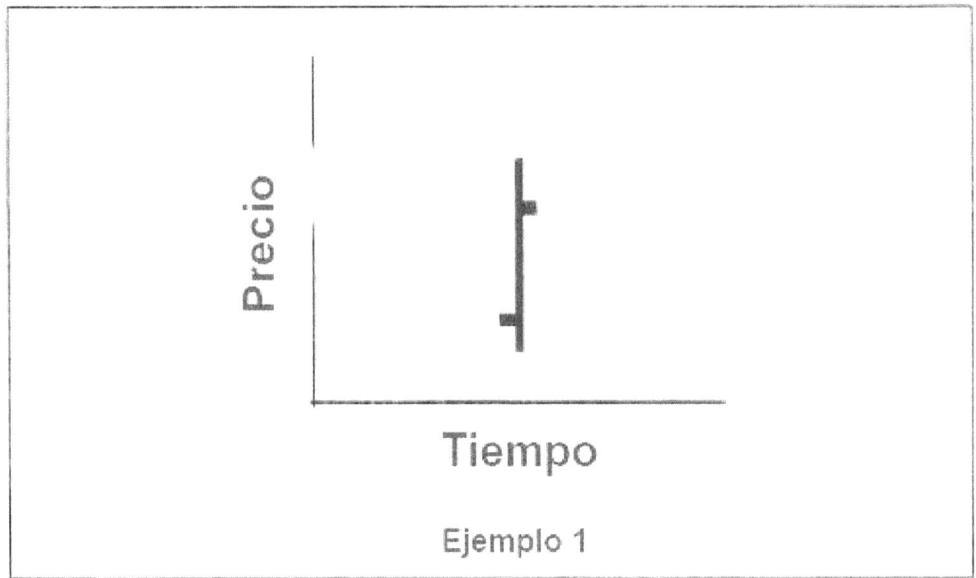

Ejemplo 1

Algunos de los patrones de los gráficos que utilizaremos para ayudarnos a comerciar son soporte y resistencia, líneas de tendencia y canales, patrones, y brechas. Luego del máximo, mínimo y cierre del día anterior, el soporte y la resistencia son las señales más significativas para un análisis técnico. Los puntos de soporte y resistencia se pueden encontrar en los máximos y mínimos del día anterior, los máximos o mínimos semanales, o los máximos y mínimos del contrato. Se puede encontrar soporte en otras áreas calculadas, pero no son tan importantes como los puntos que recién hemos mencionado. El soporte es simplemente el área donde las órdenes de compra exceden las órdenes de venta, con el fin de lograr que un mercado en descenso deje de caer. La resistencia es el área donde las órdenes de venta exceden las órdenes de compra, con el fin de lograr que un mercado en alza deje de crecer. Una vez que se viola un punto de soporte, este tiende a convertirse en un punto de resistencia. Una vez que se viola un punto de resistencia, este tiende a convertirse en un punto de soporte. **Los máximos, mínimos, y cierres forman la base de todo análisis técnico y son los cimientos del estilo de comercio de Commodity Boot Camp, Ltd.**

LÍNEAS DE TENDENCIA

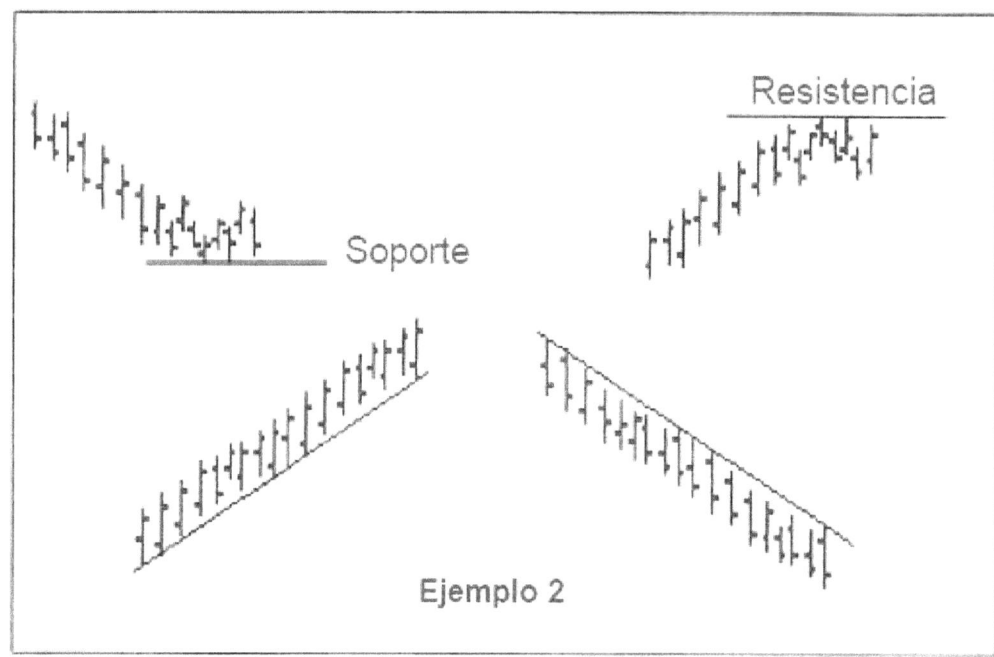

Soporte

Resistencia

Ejemplo 2

Un mercado que está estableciendo mayores máximos y mayores mínimos se mueve con una tendencia alcista. Contrariamente, un mercado que está estableciendo menores máximos y menores mínimos se mueve con una tendencia a la baja. Un comerciante querría tener más posiciones largas en un mercando con tendencia alcista, mientras que preferiría tener más posiciones cortas es un mercado con tendencia a la baja. Aunque no sea preciso, es una buena regla general examinar sus operaciones de forma periódica y asegurarse de que no esté luchando contra una tendencia. Recuerde, la tendencia es su amiga.

CANALES

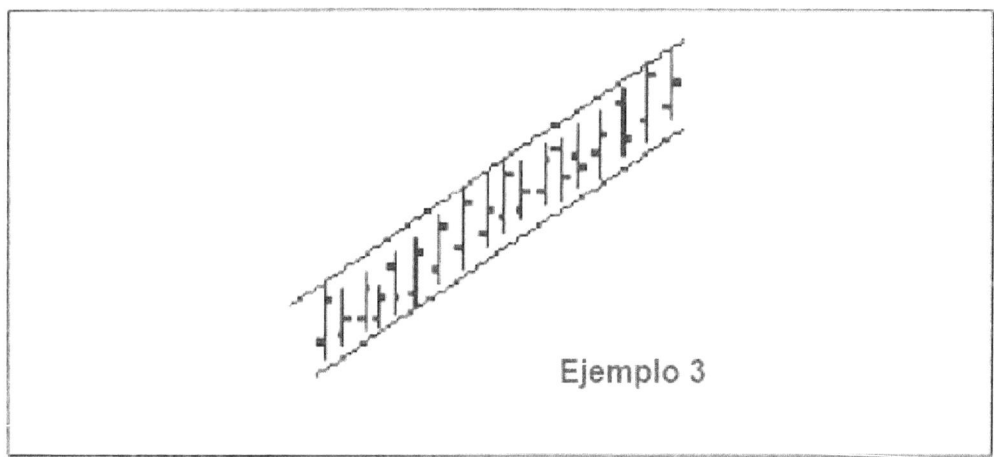

Ejemplo 3

Los canales son tendencias que contienen el movimiento de los precios de una tendencia alcista o una tendencia a la baja. Los canales son construidos dibujando una línea paralela a la línea de la tendencia a una altura intermedia a lo largo de una tendencia alcista o por debajo de una tendencia a la baja. El precio del mercado tenderá a permanecer entre estas dos líneas siempre que el mercado conserve la tendencia actual.

FORMACIONES DE BARRAS

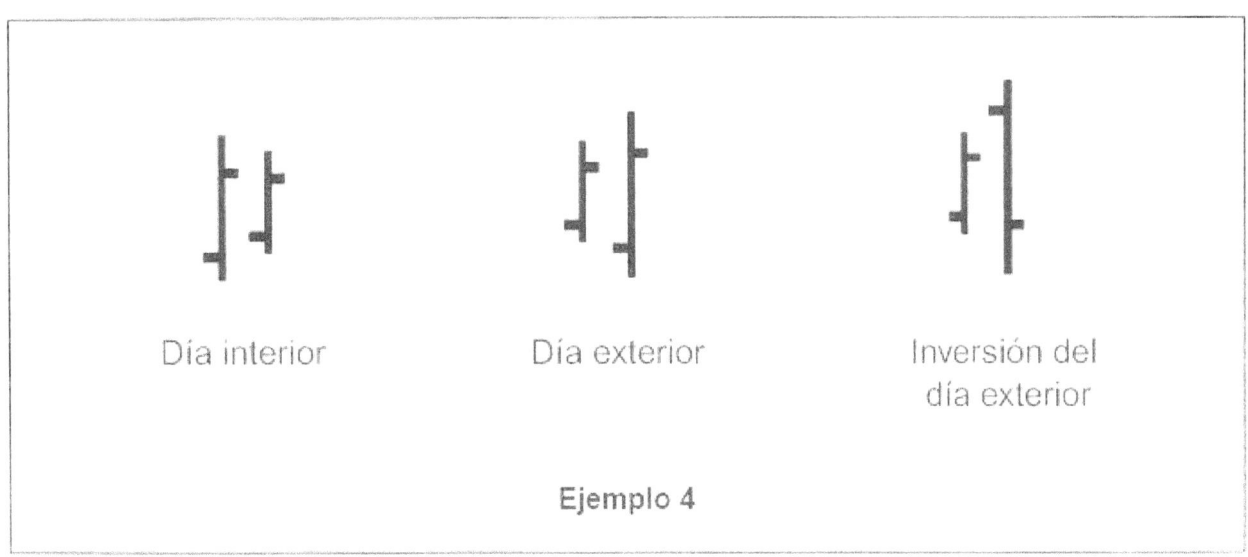

Día interior

Día exterior

Inversión del
día exterior

Ejemplo 4

Existen 3 formaciones de barras básicas. La primera es el día interior (*inside day*). El día interior es cuando el máximo y el mínimo del día de cotización son más bajos que el máximo y el mínimo del día anterior. Por ejemplo, supongamos que el máximo y el mínimo del mercado fueron 10 y 5. El siguiente día de cotización, el máximo y el mínimo fueron 9 y 6. El día de cotización con un máximo de 9 y un mínimo de 6 se denomina día interior. Generalmente, querrá estar activo cuando el mercado viole el máximo o mínimo del día anterior. La siguiente formación de barras es el día exterior (*outside day*). El día exterior es cuando el máximo del siguiente día de cotización es mayor que el máximo del día anterior, y el mínimo del día es menor que el mínimo del día anterior. Una vez más, usted tenderá a comprar si el mercado se establece cerca del máximo, y tenderá a vender si el mercado se establece cerca del mínimo. La última formación de barras es la inversión del día exterior (*outside day reversal*). En esta clase de día, la cotización de cierre se encuentra por debajo del mínimo del día anterior o la cotización de cierre se encuentra por sobre el máximo del día anterior.

PATRONES DE CONTINUIDAD

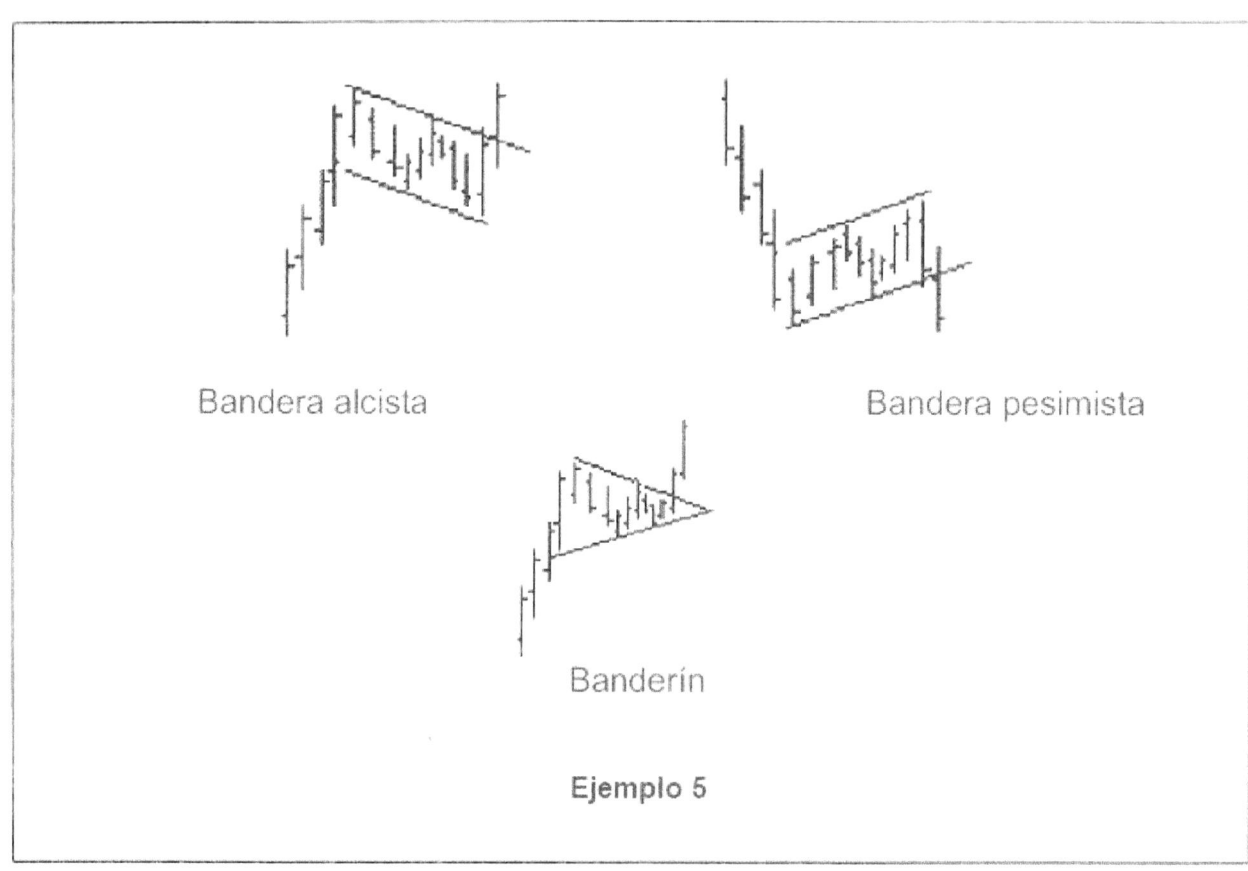

Bandera alcista

Bandera pesimista

Banderín

Ejemplo 5

Los patrones de continuidad son patrones breves en cuando a su duración, y son una pausa en la tendencia. Un ejemplo del patrón de continuidad es el mercado S&P 500 en 1995. En general, el mercado se encontraba en una tendencia alcista. Sin embargo, hubo días en los que la cotización de cierre no cambió en más de un 5 %. Aquellos días eran considerados como un patrón de continuidad en un gráfico. Los tipos de patrones de continuidad más comunes son las banderas y banderines. Las banderas parecen rectángulos que tienen la misma inclinación que la tendencia. Los banderines parecen rectángulos a un costado. Las banderas y los banderines se encuentran generalmente en ocasiones donde el volumen de un mercado se encuentra en caída mientras los comerciantes se detienen a reconsiderar la tendencia en el mercado. Por lo general, las banderas y los banderines duran no más de dos semanas.

BRECHAS

Las brechas son más correctamente denominadas brechas de precios. Son áreas en las que no ha ocurrido ninguna actividad comercial. Existen 4 tipos de brechas: común, de ruptura, escape, y de agotamiento.

Las brechas comunes ocurren en un mercado con poco volumen de negociación. No se consideran significativas.

Las brechas de ruptura suelen señalar un movimiento pendiente del mercado. Las brechas de ruptura generalmente señalan la inversión de una tendencia y ocurren con alto volumen. Las brechas alcistas actuarán como áreas de soporte para las correcciones del mercado, mientras que las brechas a la baja actúan como áreas de resistencia. Las brechas de escape señalan la fortaleza o debilidad de un mercado. En una tendencia alcista, son señales de fortaleza mientras que, en una tendencia a la baja, son señales de debilidad. También se las denomina brechas de medición ya que señalan el punto central de un movimiento.

Las brechas de agotamiento ocurren cerca del final de una tendencia. Una vez identificadas las brechas de ruptura y las brechas desmedidas, la brecha de agotamiento se encuentra próxima. En una tendencia alcista, los precios se moverán rápidamente, como si estuviesen en sus últimos momentos, y disminuirán con la misma rapidez. Por lo general, las brechas de agotamiento son descubiertas luego de que han realizado su movimiento. Debería utilizar otros indicadores técnicos para confirmar si una tendencia está finalizando.

GRÁFICO DE CABEZA Y HOMBROS

Ejemplo 6
Gráfico de cabeza y hombros

El techo de cabeza y hombros es un patrón de reversión. Consiste de un repunte a un nuevo máximo que quiebra, de un repunte a máximos más altos, y de una retirada. Idealmente, los hombros izquierdo y derecho tendrán aproximadamente la misma altura. Luego se dibuja un cuello desde los mínimos anteriores hasta los hombros. Este patrón se confirma si el cuello está perforado. El objetivo de precio para este patrón se mide desde la punta de la cabeza hasta el cuello, y luego esta misma distancia se proyecta desde la línea de perforación del cuello.

DOBLE TECHO Y DOBLE PISO

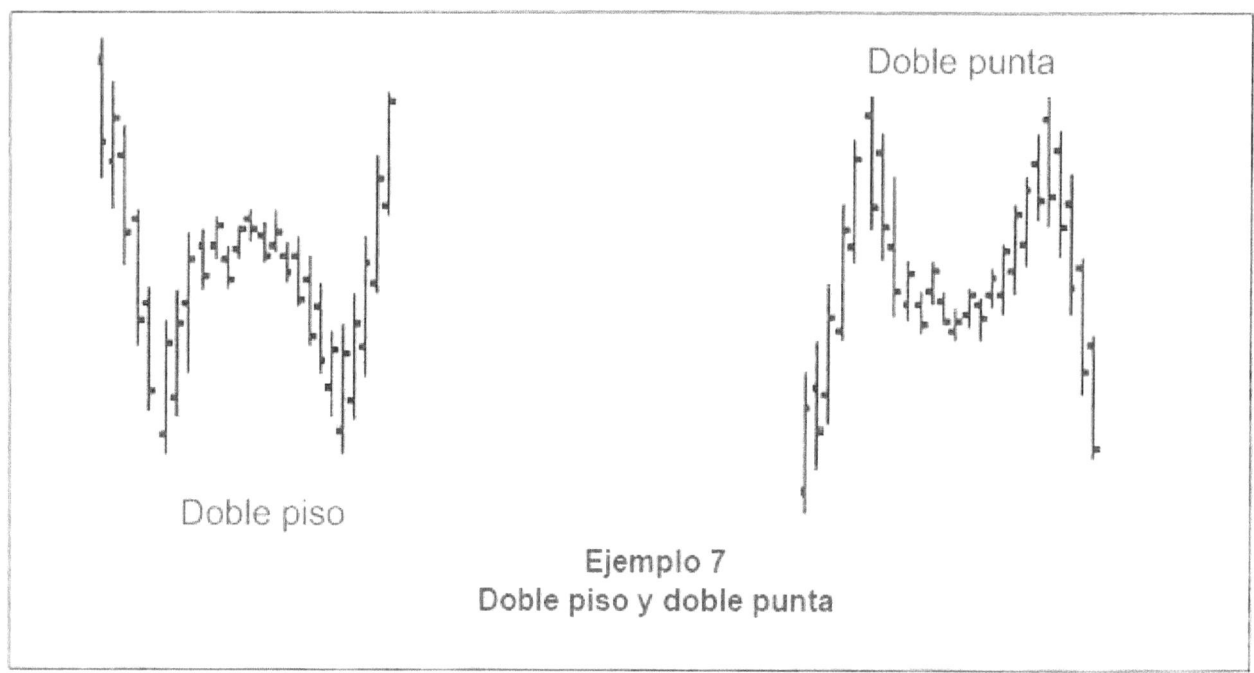

Doble punta

Doble piso

Ejemplo 7
Doble piso y doble punta

Un doble techo ocurre cuando un repunte se detiene a aproximadamente el mismo nivel que el repunte anterior, y luego quiebra. Este patrón no se encuentra realmente completo hasta que se viole el mínimo que interviene entre los dos máximos. Los objetivos de precio para este patrón son determinados al medir la distancia desde los máximos hasta el mínimo que interviene, y al proyectar 100 % en el precio desde donde el mercado elimina el mínimo que interviene. El doble suelo es determinado al medir la distancia desde los máximos hasta el mínimo que interviene, y luego al proyectar 100 % en el precio desde donde el mercado toma un máximo que interviene.

CONCLUSIÓN

El análisis técnico es un área de investigación muy amplia. Como recomendación nuestra, usted debería realizar un análisis técnico y utilizar algunas de las herramientas al momento de analizar los mercados. Debería saber cómo pueden el volumen y el interés abierto afectar los precios. A su vez, debería saber si las tendencias son válidas.

Las medias móviles se utilizan para detectar cambios en las tendencias. La media móvil es el promedio de una serie de precios consecutivos que se va recalculando constantemente a medida que estén a disposición nuevos precios. Las medias móviles son informadas en la mayoría de los principales servicios de cotización. Las medias móviles no son útiles en mercados inestables.

En los mercados inestables, los osciladores son de gran utilidad. Los osciladores miden el impulso del mercado. Los osciladores aumentan o disminuyen en mercados que cambian rápidamente.

El proceso estocástico es un tipo de oscilador. La idea detrás de los procesos estocásticos es que a medida que los precios aumentan, las cotizaciones de cierre tienden a estar en la parte más alta de la banda de precios y, a medida que los mismos disminuyen, estas tienden a estar en la parte más baja de la banda de precios.

La opinión contraria establece que un comerciante no debería seguir la opinión de la multitud. Si todos están de acuerdo en que el mercado va en una dirección, un comerciante debería considerar establecer la posición opuesta. Aunque la opinión contraria es una medida subjetiva, es útil para conocer hacia dónde cree la multitud que está yendo el mercado.

Los números de Fibonacci fueron desarrollados por un matemático en el siglo XII. La serie de adición 1,1,2,3,5,8,13,21 se denomina serie de Fibonacci. Las series de Fibonacci se encuentran en los aros de las cortezas de las secoyas y en formaciones de pétalos de algunas plantas. Ralph Elliott aplicó los números de Fibonacci al mercado de valores. Luego, los investigadores aplicaron la investigación de Elliot al mercado de futuros. La interpretación de Elliot sobre los números de Fibonacci es muy popular y es utilizada por numerosos asesores de inversiones. La mayor crítica al análisis de Elliot es que muchos comerciantes sienten que la interpretación de los datos es altamente subjetiva, o que son necesarios años de capacitación para poder utilizar dicha interpretación de forma correcta.

Algunos de los gráficos técnicos más comunes son los gráficos de barras, las líneas de tendencia, los canales, las formaciones de barras, los patrones de continuidad, y las brechas.

El riesgo del mercado de futuros puede ser sustancial. Las márgenes están sujetas a cambios sin previo aviso. Las márgenes mínimas no aplican a las posiciones diferenciales. El nivel más alto de apalancamiento que generalmente se obtiene del comercio de futuros, debido a los pocos requisitos del margen, podría perjudicarlo como favorecerlo.

www.ingramcontent.com/pod-product-compliance
Lightning Source LLC
Chambersburg PA
CBHW080650180526
45168CB00008B/3363